青春期，
妈妈陪孩子一起走过

사춘기로 성장하는 아이 사춘기로 어긋나는 아이

[韩]姜琴珠 著 王心欣 译

中国妇女出版社

图书在版编目（CIP）数据

青春期，妈妈陪孩子一起走过 /（韩）姜琴珠著；
王心欣译.—北京：中国妇女出版社，2014.3
ISBN 978-7-5127-0827-3

Ⅰ.①青… Ⅱ.①姜… ②王… Ⅲ.①青春期–家庭
教育 Ⅳ.①G78

中国版本图书馆CIP数据核字（2013）第317785号

著作权合同登记号 图字：01–2013–8872

青春期，妈妈陪孩子一起走过

作　　者：〔韩〕姜琴珠　著
译　　者：王心欣
责任编辑：王　琳
封面设计：远道设计
版式设计：许　可
责任印制：王卫东
出版发行：中国妇女出版社
社　　址：北京东城区史家胡同甲24号　　邮政编码：100010
电　　话：（010）65133160（发行部）　　65133161（邮购）
网　　址：www.womenbooks.com.cn
经　　销：各地新华书店
印　　刷：三河市金元印装有限公司
开　　本：165×235　1/16
印　　张：14.5
字　　数：190千字
版　　次：2014年3月第1版
印　　次：2014年3月第1次
书　　号：ISBN 978-7-5127-0827-3
定　　价：32.00元

作者的话

Goat Rodeo！该到哪里发出SOS求救信号

Goat Rodeo是飞行员们的用语，指所有突然出错的紧急状态：引擎出故障，天气恶劣看不见前方航线，飞机不断地摇晃、开始坠落，氧气罩掉下来，还有乘客们惊慌失措或有病人心力衰竭的恐慌状态等。

“各位乘客，我们的飞机将要通过恶劣天气空域，请坐在座位上并系好安全带，在离开恶劣天气空域之前，请不要使用洗手间。”

但是这样的方法是不能缓解紧急状态的，也不能使吓得要死的乘客们镇静下来。这就是Goat Rodeo。

孩子整天拿着智能手机不放，吃饭的时候也在发短信。丈夫实在看不下去了，抢走孩子的手机，并用锤子砸了。孩子看着砸烂的手机，对爸爸的挑衅行为感到忍无可忍，于是扔掉筷子，甩门而出。丈夫对孩子的反应更加恼火，于是就把狂风暴雨般的怒气发泄在妻子身上，说：“孩子要什么你都给，根本不知道我有多担心。以前的孩子是不会这样的，现在家里养了这么一个孩子，这到底成什么样子了啊！”

我们的家庭也出现了Goat Rodeo，显然这是一个令人痛苦的现实。特别是家里有个十几岁的孩子，因为青春期刚刚开始，孩子突然发生的改变，会使家里陷入混乱状态，不知道孩子何时会发脾气。难道就没有能够理解并改变孩子的指南吗？我的家庭和孩子都陷入了紧急状况，该怎么解决问题呢？该向哪里发出求救信号呢？

“这个纸条是写给那些因心灵无依无靠、没有可以敞开心扉说话的人而独自苦恼的青少年们，是用你们的眼泪凝聚成的，但我从中也看到了你们的希望。因为你们就是我的快乐。我爱你们！”

这段话是金衡模在1984年讲的。

当时，金衡模是一个28岁的贫困青年。为了正值青春期的十几岁孩子们，并以“用毕生去倾听青春期孩子的话”为使命，开始履行自己的责任，使孩子们快乐地生活下去，他自己创作了《青春期孩子的纸条》这个小册子，并免费发放到全国各地的中学里。

当时，我正在高中任语文老师，初次看到《青春期孩子的纸条》，是《纸条》发刊快满一年的时候。一次偶然的机会，我负责了16号《纸条》的校对。一个月以后，我和金衡模结婚的消息就刊登在17号《纸条》上了。从此以后，《青春期孩子的纸条》就成了我的全部。

1987年9月，我放弃了教职，并开始对《青春期孩子的纸条》倾注我所有的时间与热情。我和丈夫，仅仅两个人，每天处理着各地纷至沓来的咨询信件和电话、外出讲课、约稿、广播访谈等所有的事。丈夫晚上9点～10点上床睡觉，凌晨2点起床开始处理《纸条》的事情。我睡觉的时候，丈夫工作；丈夫睡觉的时候，我工作。这样，我们一天24小时不停歇地制作着《青春期孩子的纸条》，很快售出了10万本、20万本、30万本，发行报酬也提高了。写这本册子的目的是为了让青少年们的心灵有所寄托。在这个册子销售一空的年代，《青春期孩子的纸条》是孩子们敞开心扉并得到认可的唯一途径。

《青春期孩子的纸条》不断收到全国各地青春期孩子们倾诉内心苦恼

的咨询信件。孩子们对“纸条大叔”敞开心扉，述说着一些对谁也说不了的话。比如，怀孕了，遭受性暴力了，没有朋友而感到孤独，讨厌贫穷的家，喜欢异性却不知道怎样表白，比起异性朋友更喜欢同性朋友，苦恼该上哪个大学，没有梦想，父亲打母亲，讨厌每天吵架的家，想离家出走，讨厌不好看的外貌，内向胆怯而无法正视别人的脸，很害怕到讲台前面讲话，老师如何好，老师如何让人讨厌，讨厌上学……每月有三四百封咨询信件涌来。

孩子们寄来的信，我们一封也不漏，一一用手写回信。一般需要一两个月，有时甚至需要6个月，孩子们才能收到我们的回信。但是，我们一定要用手写回信并寄给孩子们，而且最少写两页信纸。这样做是想给予孩子们信任感，认为“我对一个人敞开了心扉，那个人也比我更认真严肃地倾听了我的话，还回答了我的问题。”

每年到了年末，这一年收到的4000余封咨询信件，我一边一页页地读着，一边概括内容并记录，同时还做了统计工作。读着信，我自然就了解了十几岁的孩子怎样感受、怎样说话、想要什么和想听到什么。就这样，在我脑海中储存着10万个以上孩子们的苦恼模板。听孩子说的第一句话，就能知道孩子隐藏起来并真正想说的话是什么；看到孩子的表情，就能读懂孩子想要的是什么、心里有着怎样的伤痛和矛盾。听了很多很多孩子的故事，不知不觉我就具备了专家的素质。

回顾和韩国十几岁孩子们一起走过的30年，为了所有的父母，我把想对父母们说的话和对十几岁儿女的教育方法进行了加工整理，并融入本书之中。另外，孩子快到10岁的父母，也可以事先学习一下。

能够拯救面临Goat Rodeo的飞机的人仅仅只有一个，即能在驾驶舱指示出方向，始终紧握操纵杆，根据情况下判断并行动的唯一的人，也就是驾驶飞机的飞行员。所以，能帮助孩子的人也只有父母。

期待本书能给父母带来希望，能够给予你们最实际的帮助，使你们能够理解孩子，并指引他们走上正确的路。

姜琴珠

2013年2月

孩子的青春期来了，妈妈们不要怕

某一天青春期来临，妈妈害怕孩子会偏离轨道

“不知道该怎么帮孩子。”

“不知道该对孩子说些什么。”

“我的女儿那样大喊着跟我顶嘴的时候，我觉得以后她可能还会动手打我。看到孩子这样真是气不打一处来，不禁流下眼泪。但是也不知道该怎么办才好。”

“每次看到孩子，我心里就烦闷、疲惫，却又不能说什么，只是那样默默地看着孩子，于是心里就变得更烦闷了。我真不知道该和孩子从何处说起，也不知道该怎样打破僵局。”

父母们都说不知道该怎么办。父母们因不知道怎样对待孩子，而感到焦虑不安；对孩子的细微反应，心里也无法放下，并感到慌张。这就好像把微积分问题交给只学会四则运算的人一样，令人感到茫然。最终，父母放手不管，或是用所知道的四则运算知识去解答微积分，当然弄得一团糟。

在对待十几岁青春期孩子的问题上，是没有固定的规则和答案的。即使像数学问题一样，根据一定的法则一一求解，也不会有一样的答案。不管用多大的数进行加减乘除，最后乘以0的话，结果也是0。不仅一瞬间

所有努力都化为乌有，而且像无限循环小数一样，相同的症状还会无尽反复。尽管如此，还是有能对十几岁孩子给予帮助的“参数”，那就是父母。

父母虽然无法理解十几岁的孩子，但是为了解决他们的问题，首先要回顾一下和子女的关系。无论出现多大的问题，无论有着怎样无法理解的语言和行动，那个孩子都是我们的孩子。我们应该承担起父母的责任。作为父母，不能放弃权威。

对我们而言，父母拥有专有的特权。因为是父母，可以要求孩子顺从和服从，可以禁止孩子做错的事情。实际上，父母比我们想象中有更多的武器。但是，父母们真正面对十几岁孩子的问题时，却害怕自己解决。

“孩子的青春期终于开始了。”

“到底该怎么做啊？”

“如果发生了我承受不了的事情可怎么办？”

“别人是怎样度过这个时期的呢？”

“千万要安宁无事地度过孩子的青春期。”

父母如果害怕的话，吵架时就绝对赢不了。不要一味地畏惧孩子的青春期，应该积极看待，明智而冷静地处理孩子的问题。

“我的孩子终于开始独自看待人生并省察自己了。”

“应该让孩子培养良好的处世习惯，并且对孩子的心理变化和身体变化要比其他时候更加敏感、更加关心。”

“虽然不知道孩子的青春期会有几年，但是现在我付出的时间和关心能决定孩子的一生啊。”

这样想，同时做好充分的心理准备。青春期，孩子可能会成长，也可能会偏离轨道，而这完全取决于父母怎么去做。

对于胆小害怕的人，即使是没锁的门看起来也是锁着的。因为如果内心充满了害怕与恐惧，根本就不会去想门是锁着还是没锁，而是在迷茫地到处寻找钥匙。这种人为了找到一个新的出口，有时甚至会在墙上凿洞，想尽各种办法，但不必要的努力却耗尽了体力，结果只会筋疲力尽而放弃。因此，不能让害怕蒙住了父母的心和眼睛。

谁来解决孩子的问题呢？万能钥匙就掌握在父母的手里

不理解孩子的样子时，看不惯孩子的行为时，虽然真的是自己的孩子却觉得无论如何都容忍不了时，父母要先冷静地反省自己。如果孩子的表现不合心意就对孩子大加训斥谴责，还误以为自己平时的样子和生活都无可挑剔，但是，事实上，在孩子身上看到的大部分问题都不可避免地源自父母。

实际上，如果父母尝试着和孩子心平气和地谈一谈，就会知道孩子有哪种想法和问题，并且对此还要认真反思。遇到那些问题，实际上也是必然的、不可避免的。因为孩子对待人生的态度、说话的语气及解决问题的方式和态度，这一切都是孩子被动地从父母身上学来的。无论多么想否定，但孩子的问题根源，还是起因于父母。

很多父母在看到孩子的问题时，首先会想在家庭之外寻找问题的原因，特别是在某种程度上和学校有联系的话，就将问题的起因和解决方法都推给学校。孩子们在学校发生什么事时，就追问学校在干什么；而且还声讨社会，为什么要把十几岁孩子逼迫到危险的环境中？这样的心情可以理解。如果这样做能对孩子有所帮助，如果这样做自己的心里就会痛快多了，那也可以作为一种方法。但是，父母不能忘记这个事实：孩子的问题并没有得到解决，而且被搁置着。

抱怨社会和抱怨学校，都不是什么解决办法。自己对孩子负责并看护，这是父母人生中最具有优先权的事情。可是具有这种优先权的父母，为什么想要在家庭之外、自身之外寻找解决办法呢？解决问题的万能钥匙其实一直在父母的手中。

倾听孩子的话吧！80%的问题可以通过对话解决

倾听孩子的话，是能帮助孩子的最简单、最容易的办法。只要好好倾听他们的话，青春期孩子80%的问题就能得到解决。

“不管我说什么，孩子都似听非听的，并且一回到家就沉默，我问什么也不回答。”

如果是这样，那就再对孩子坦诚些吧！孩子说话时一口打断他，那孩子不是就会有这种反应吗？

“等会儿！那个有什么重要的？一定要现在说吗？”

“没看见妈妈忙着呢吗？”

“你怎么整天总那样说些没用的话？”

“那和现在的学习有什么关系？”

“妈妈现在在说重要的事，以后再说不行吗？”

如果孩子的话比较长，就代替孩子直接下结论，不耐烦地说：“那你是想说不是吧，妈妈都听明白了。”或是一边听着孩子的话，一边心里想着“看你犯了错怎么编借口”。你也是这样吗？实话告诉你，这样并不是在倾听孩子说话。这样的倾听和用沉默拒绝孩子是一样的。

真正倾听孩子的话，应该是全神贯注地听孩子说话。但是，父母们往往只关注应该对孩子说什么话。十几岁孩子真正希望的，是有能倾听他们说话的人。对十几岁孩子而言，倾听自己说话的人，意味着“尊重自己的人”。比起“我爱你”的文字或言语，孩子更希望妈妈能认真倾听自己的心里话。

有很多父母想和孩子说说话、聊聊天，但是为了倾听孩子的话而抽出时间的父母并不多。往往是父母说得越多就越不能倾听孩子心里在想着什么、目标是什么、因为什么而觉得累。“孩子要是变成这样就好了”“孩子要是这样长大就好了”，如果你也是这样希望的，首先就要学会倾听孩子的话。因为我到现在才知道，当孩子被学校放弃了，父母完全不知道该怎么办，只有叹气的份儿时，如果让孩子对父母好好地倾诉一下，孩子的状态就会往积极的方向改变。

当然，起初孩子们会说“谢谢，曾经我真的需要有人听我说话”，但他们并不会很快敞开心扉倾诉。孩子自己会通过自身感受慢慢体验，判断听自己说话的人是否是真正担心自己的人。这时，只有以想帮孩子的单纯的心和爱来看待孩子，才不会在倾听孩子的初次体验中失败。这样以真心靠近孩子，即使起初孩子会拒绝，会不停地搞小动作，但他们最终会从某个瞬间开始说自己的事情。

好父母也需要教育和训练

如果在倾听孩子说话时，我知道自己可以对孩子处理不了、搁置的问题，做到没有个人感情掺杂、客观地看待大概还需要10年以上的时间，那么在谈话过程的初期，我就会明白对孩子的热情和制订的基本规则是很重要的。因为一旦我开始狠狠地教训违反规则的孩子，一边指出孩子的错误，一边证明我有多么正确、孩子是多么荒诞时，孩子在我旁边虽装作在听我说些指责的话，但内心里却不会敞开心扉。我在严厉指责孩子错误的时候，却不知道孩子的心门已经死死地关上了。渐渐地，我开始知道如果孩子的心门关上，不管你是出于好意，还是说多好听的话，也已经不能改变孩子的想法或行动了。

因此，为了倾听孩子说话，首先要让孩子敞开心扉。父母要这样给予孩子信任，告诉孩子：“我不是为了指责你的错误，也不是为了对你的行为做出判断才关心你，而是无论何时都想帮你才关心你的。”如果这种信任不能形成的话，彼此的关系就不能进入下个阶段。

但是，即使孩子的心门打开，并准备说出来，如果父母没有做好听孩子说话的心理准备，那么孩子的心敞开也变得没有用了。所以，父母也需要学习和训练。放下急切的心和对孩子未来的担心与焦虑，父母应该先学习该怎样和孩子对话并好好相处，有问题的话该怎样解决。孩子的心比热带地区的天气更让人摸不着头脑，父母的心则如同登上珠穆朗玛峰又跌落下来一样；这样的两颗心相遇，想相安无事，就一定要找到共同点。对没有答案的问题要试着找到答案，这就是对青春期十几岁孩子的问题的解决方法。正因为如此，我们才要从基本情况出发。

使社会和父母震惊的十几岁孩子的问题，实际上都是由很小的事情引发的。千里之堤，溃于蚁穴。子女处于青春期的父母，对细微的事情毫无觉察，某一天看着破毁的堤坝，就会后悔地说："本应该建造更结实的堤坝……""应该更细心观察的……"

如果无论是谁都能在孩子身上看出问题，那么就为时已晚了。如果虽然看到了孩子的一些青春期症状，但感觉和电视或电影里的十几岁问题孩子并不一样，那么此时要更细心地倾听孩子并解读孩子所传达的信号。

目录
CONTENTS

Chapter 1

你的孩子没事吗

现在，父母对十几岁孩子，就像对待过了有效期就删除的动态密码或口令一样，随意而不重视。

无论是在学校、培训班，还是在家里，都有父母所不知道的陷阱。孩子在哪里都不一定是安全的。

孩子周围的环境正促使他畸形地成长。父母却认为孩子还小，是可以放心的时期，然而这时的孩子正在经受青春期的阵痛。

1. 小学四年级，孩子的青春期开始

孩子上小学高年级以后，父母的关注点会转移到孩子的成绩上来，认为好不容易把孩子养大了，可以放心了，然而这个时期却尤为重要。在看不到问题出现苗头的时期，孩子开始进入青春期。

外部环境使孩子成熟得不均衡

“到了小学四年级，孩子说自己也是10岁以上的人了，也能正儿八经地答话了。他有时进到自己房间后，怎么叫也不应答。难道青春期已经开始了吗？”

“曾经善良单纯的孩子，某一天突然发脾气，也不回答父母的问话。我心里也难受，表情虽立刻不一样了，但还是有些恐慌。”

孩子们变了、青春期到来的时间提前了，这是因为孩子们接触信息的质与量，还有速度都变化了。小学四年级，孩子已经出现了青春期的特征：含含糊糊地回答父母的问话，或是开始发脾气、动作粗暴、语言粗俗；突然对外貌过于在意，并具体地接触关于性的信息。

父母觉得孩子还小就很放心，结果某天突然发现孩子的变化，并吓得自己魂飞魄散：原来我和小学生谈话也会觉得有很大的代沟。父母还会有这样的错觉：难道我是在和高中生对话吗？事实上，这是因为外部环境使孩子成长得不均衡。

小学生升入高年级后，父母的关注点会转移到孩子的学习成绩上，认为好不容易把孩子养大了，可以放心了，然而这个时期却尤为重要。在看不到问题出现苗头的时期，孩子开始进入青春期。到了小学四年级，女孩子们就开始想办法孤立别人，男孩子们则出现暴力倾向。出现问题倾向的年龄段在逐年变低，多年后完全不知道又会遇到什么情况。

初二，青春期问题达到最高峰

到了小学五六年级，孩子们就会有很多不想被父母知道的秘密。父母根本想不到上小学的儿女会通过智能手机或电脑看黄色影片。父母也不愿那样去想，更不能直接问孩子。因为害怕问了孩子，孩子会从原本不关心，变成会问“那是什么啊，妈妈”，从而更加关注。但是，这只是父母的天真想法。有些五年级的孩子，无论是在上学往返的路上，还是父母不在的时候，只要有机会，就会看那些父母不让孩子看的黄色视频。

和抽烟的中学生谈话，问他们第一次抽烟是什么时候，回答说小学六年级的最多。在父母觉得孩子还小、不用担心他们抽烟的时候，孩子却已经开始叼着烟了。或许父母会发现孩子身上有烟味，但如果孩子辩解说“去了网吧”，或者说“因为旁边有人抽烟”，父母大部分会百分之百地相信。

孩子们的这种行为问题表现最突出的阶段是初二。小学六年级开始出现问题的孩子，在初一上学期大多会很安静，是因为这时不仅要熟悉学校的环境、氛围并了解老师的倾向，孩子们之间还会有明争暗斗和相互制约。初三时也是一样，因为准备升入高中的压力很大，表面上显示出来的行为问题便会减少。而初二时因为没有了对学校方面的担心和顾虑，学习上的压力也不大，所以这个时期暴力和青少年犯罪发生得最多。

虽然现实是这样，但没有必要执意按年龄段来划分孩子的问题。孩子们即使到了相同的年龄，成长速度也是稍有不同的。小学四年级，也有相当老成的孩子；而初三，也还有很纯真的孩子。

所以，需要根据孩子的问题类型去认知："啊，现在我的孩子表现出的征兆，是这种问题的前兆啊。"

当孩子青春期临近的征兆出现时，父母需要不断训练并教育孩子。为了不使孩子的言谈举止出错，父母首先要学着接受青春期的到来，而不是在一边旁观。从现在开始，父母们真的要花费心思去了解孩子的性情和个性了。

Tip：孩子青春期来临的征兆

- 进了浴室，超过30分钟还不出来。
- 经常改变发型，或是固执地坚持不适合自己的发型。
- 对皮肤状态变得敏感。
- 很容易发脾气，或是突然间情绪变化。
- 开始戴没有度数的眼镜，或彩色隐形眼镜。
- 对衣服的抱怨和关心变多。
- 对自己身体散发的气味变得敏感。
- 和朋友说话的时间比和妈妈说话的时间多。
- 比起爸爸妈妈的话，更相信朋友的话。
- 父母叫上半天才应答。
- 恭恭敬敬地回答父母问话的次数在减少。
- 对父母的问题，连"是""不是"这样的回答也不轻易说出来。
- 比起承认自己的错误，更会推托说是别人的过错。

· 避开父母，独自在房间里待着的时间变多。

· 不明缘由地浪费时间或金钱。

· 很晚睡觉或很晚起床。

2. 青春期问题儿

学习好又聪明、斯文、善良，这样的孩子也可能出现问题。
不是说在大人眼里看来是好学生就没有问题。
这就是当今十几岁孩子的特征之一。

全校第一的三好生已是过去时

孩子被称为“三好生”的父母认为：“我的孩子往返于学校、培训班和阅览室之间，只知道学习，真是万幸啊！”这样的父母对十几岁孩子的问题毫无概念，认为被各种媒体炒得沸沸扬扬的青春期问题，都是因为在学校里学习不好，在家里也表现不好的孩子到处瞎晃、闯祸、胡作非为给弄出来的。但是，某一天自己被班主任叫到学校谈话，发现自己眼中好端端的孩子，却被老师说参与孤立、排挤他人的小团伙。

“不是，我的孩子又不是像流氓一样，也没有离家出走，怎么可能会那样呢？那么善良单纯的、不管怎样都是性格好又只顾学习的孩子，哪里会有孤立朋友的时间啊？您不是弄错了吧？”

大部分父母对老师的话并不能完全听进去，而是先否定。学习好又聪明、斯文、善良，这样的孩子也可能出现问题。不是说在大人眼里看来是好学生就没有问题。这就是当今十几岁孩子的特征之一。

在父母的那一代，有问题的孩子和没有问题的孩子，至少通过外表和行动是可以区分的。而且除了成绩之外，在学校生活中也没有什么能算得上是问题的事情，大体上都还过得去。即使上课时间打瞌睡，只要不妨碍别人，老实地坐着就行了。

但是，现在的孩子却完全不同。即使孩子学习成绩很好，早早地去上学，不迟到也不旷课，孩子也可能会在上课时不断地取笑谩骂坐在前面座位的孩子，或是用脚踢椅子来折磨别人；与此相反，孩子还有可能会成为被施予暴力的目标而遭受折磨。

问题儿和三好生是没有界限的。每天学校里会发生很多事情，谁都有可能会面对这些问题。所有人出现问题的概率都是一样的。

仅仅在行为上表现出问题的孩子还算好解决些。真正成问题的孩子，是虽然学习好并且在大人面前也彬彬有礼，却是智能型的“坏”孩子，或是不知道道德标准，连自己的错误也不能意识到的孩子。特别是在小学高年级的时候，有的孩子会使全班的人都去孤立自己指定的人，而这种孩子大多表面看起来都是三好生的类型。因为学习好又聪明，在老师面前也很会说话，所以在问题显露之前，他们在父母和老师面前很容易蒙混过关。因为这种孩子对整个班级很有影响力，所以有操纵其他孩子去孤立一个人的力量。特别是女孩子们之间，这种倾向性很强。与此相反，小学男孩子们的问题反而很单纯，因为他们的坏行为会表现得十分明显，并显露出暴力倾向，所以在早期就能够抓住问题的关键。

孩子被孤立，父母可以知道

“我的孩子在家里什么问题也没有。”

这是父母们经常说的情况之一。事实上，即使是有问题的孩子，对家人也不怎么显露出问题行为。孩子们的大部分问题，都是在社会关系中发生的。这起源于父母，因为只有一两个孩子的小家庭中，孩子的社会性并不会很明显地显露出来。不仅如此，对孩子而言，家人是非常熟悉的，所以孩子“想要怎样”时，根本不必担心家人的责备及后果如何。所以，有时在家里不成问题的行为或态度，在学校和很多人相处时就成了问题。

而对于被孤立的孩子，如果父母多一点儿关心，就能够觉察到。孩子要么会说讨厌去学校，或者说头疼、肚子疼，要么就是成绩急剧下降。这些症状在被孤立的孩子身上都能显现出来。但是，那些习惯孤立别人的孩子，很多情况下连父母也不知道。因为现在的孤立问题多以隐蔽的方式形成，而且孩子也没有负罪感，所以父母只通过日常生活来观察孩子是无法判断出孩子是不是孤立的施害者的。事实上，孩子正在被孤立，父母是易察觉的；孩子是否在孤立别人反而需要细心观察。虽然父母自认为很了解孩子，但实际上很多情况父母都不了解。

虽说自己的孩子不是孤立的施害者或受害者，可是一样不能放心。因为孤立的问题，不是仅仅施害者和受害者两个人的问题，只有其余的孩子也直接或间接地参与，孤立才变为可能。特别是没有自信或小心翼翼的孩子，为了使自己不成为被孤立者，他们容易参与孤立别人。孤立受害者、孤立施害者、孤立参与者等，如果班级里出现孤立事件的话，认为没有与此不相关的孩子的看法是对的。

听说自己的孩子没遭到孤立，或是没有主动孤立别人，还是不能安心。父母认为最近孩子没有任何不舒服或负罪感，也没有特别的理由去孤立其他孩子——孩子外表没有魅力，会不高兴地盯着人，和自己的挚友亲热地在一起，等等。实际上，如果问孩子孤立的原因，他们会说出各种各样的理由，甚至到让人无法想象的程度。他们认为有自己的理由就可以孤立对方，这是出于对对方没有关怀心。而且对于被孤立者受到的伤害，他们也完全没有考虑到。这一切都源于父母对孩子的素质教育毫不关心。

3. 知道“同人小说”吗

对现在的十几岁孩子，性不再是神秘的，甚至都没有好奇的理由，
因为对于性，网络有着详细的展现。

对于性，孩子不会问成人

有位孩子上初中的妈妈倾诉了她的苦恼。儿子和女同学打电话时，她偶然听到了谈话内容，那些内容让她大吃一惊。

“你做过吗？我没做过。爽吗？劈腿的话会怎样呢？还想和我做什么？抱着睡觉吗？好啊，就那样吧。”

根据对话内容推测，女同学好像有过性经验。对天真的儿子和品质恶劣的女同学是否会发生什么事，这个妈妈十分担心。

“现在，孩子脑子里到底都在想些什么呀？真是让人火冒三丈。不管这小子听还是不听我的话，我是先抓住他，试着和他坐下来好好谈谈好呢？还是就这样再多加严厉地看管他呢？现在他还只是初中生啊……世界真是太可怕了，我心里感到恐慌。”

在父母立场上，以为会平凡长大的天真儿子，却和女同学聊着这些，这确实是能让人心跳停止的巨大打击。但是，这不过是初中生之间的日常对话。

从2005年起，孩子们给《青春期孩子的纸条》发来的咨询信件中，关于性的内容逐渐消失了。孩子们对于性不再问了，因为已经比成人知道得更多。通过网络，孩子们也许比四十几岁的父母知道更多的性语言和体位也说不准。

通过“游戏”来享受性

现在十几岁的孩子们和父母那一代不一样了。对他们来说，性不再是神秘的，甚至都没有好奇的理由，因为对于性，网络有着详细的展现。小学五六年级的学生，就有可能知道淫秽网站的网址。即使可以合法地解决性欲的路被堵上了，但十几岁孩子对性的知识与渴望却比成年人更为具体，他们已超过了只看看而已的水平，而正在以游戏的方式享受性。

同人小说（Fan Fiction），可不是女中学生在笔记本里写下的笨拙的爱情告白。那里面有着比父母那个时代的色情书更低俗、更刺激的语言。孩子和朋友配合，在笔记本里写下有性行为描写的同人小说并相互传阅。通过同人小说，和自己喜欢的艺人做爱或享受同性恋。因为性对象是在同龄人之间很有人气的艺人，因而更加过瘾并形成了强烈的共鸣。另外，由于主人公是绝对接触不到的仰慕对象，孩子们认为这只是“游戏”，所以也不会有负罪感。

“只是兴趣而已，和朋友一起写的。”

“这种情节只要进入网络小说主页，到处都能读到。”

在大人看来都不好意思说的情节，十几岁孩子们不以为然地说“这也就是一般玩玩的水平”。

父母那一代对性的好奇心，也不过这样：大人外出时，涌进朋友家里，找到藏起来的色情录像一起看。但是，现在的孩子没有必要聚到隐秘的地方，藏着一些禁止的书或照片，因为需要的所有信息都已经在手里了。这是智能手机带来的弊端之一。性行为、强奸、杀人和自杀……这一切孩子们都可以看到。这种内容通过博客、论坛、聊天工具等就会在所有人中传开。

最可怕的一点是，没有能真正地使孩子们完全隔绝色情作品的方法。不管父母在家里怎样监视或管制，走出家门，孩子们就可以通过朋友看到、听到。

父母以“孩子的隐私”的名义容许孩子设置智能手机密码，但在其背后，孩子在做什么呢？父母却不知这样做，是在为孩子“创造”没有管教且致命的世界。

4. 大人的权威行不通

学校或老师不再让孩子们感到敬畏。
对夺走烟的教导主任大喊“你打劫私人财产”。
比起师道尊严，现在显然是孩子们的权利更重要的时代，
但这样做是否真的是为了孩子好，则需要思考。

公然顶撞老师的孩子们

一次，一位熟人告诉我这样的事：小学五年级女儿的班主任上任一学期还没到头就差点儿被换掉。听说女老师是刚调来的、初次上任的班主任，性格温和，无法管住学生。时间渐渐过去，有一两个孩子开始无视班主任老师的话，上课时公然说话，不集中注意力听讲，后来竟然随意地搬着桌子来回转，用刀切碎老师的鼠标垫，等等，最后甚至导致班级所有学生都开始“捉弄”老师。

开学一个月后，这件事才显露出来。父母们了解到一些具体情况后，就找到校长，说孩子们因为班主任没法学习，并要求换掉班主任。因为校长觉得再过两个月就是寒假，而且仅仅根据父母的要求就换掉班主任，这还是第一例，所以感到很为难。于是，校长劝说家长，以后互相都尽量注意，然后这事就先告一段落。

那时，我也和熟人的女儿见过面，聊到这件事情时，她的头往后仰了

15度，并流露出很悠闲自得的表情。看到那种神情，我就非常清楚孩子脑袋里想的是什么了：

“我们老师管不了我们，也跟不上我们啊。”

从年龄上来看，熟人的女儿还是个纯真的孩子，但是却表现出无视老师的语气和表情。之后这孩子也与我保持联系，说到六年级时遇到了强势的老师，自己才找回做学生的位置。但是，也听到传闻说别的孩子到了六年级，依然对班主任任意摆布，并搅乱整个班级。“只要是不合心意的班主任，不管有多少也可以换掉”，这种想法已经深深地植入到孩子的脑海里。

我去地方学校演讲时，听说在首尔有一个升入初二的男生当面辱骂老师。老师责备说不能那样，他就顶嘴说：“在我以前上的学校，我这么骂，老师也不敢说什么。”

实际上，学校或老师对做错事的孩子，所能施加的责罚并不大。因为小学与初中是义务教育，不能随便让学生停学或退学。所以不管闯下多大的祸，大部分也不过是回家写检讨书，或是找家长谈话。

学校或老师不再让孩子们感到敬畏。孩子们对夺走烟的教导主任大喊“你打劫私人财产”。不畏惧或不尊敬老师的不只是学生。孩子说受到不当的体罚，于是家长找到学校，还抓住老师的小辫子。为什么那样的父母不知道，几年后会被孩子抓自己的小辫子呢？比起师道尊严，现在显然是孩子的权利更重要的时代，但那样做是否真的是为了孩子好，则需要思考。

应该教孩子顺从权威

不敬畏学校和老师的孩子，也不会敬畏父母。如果犯了严重的错误，被父母责备的话，孩子便会离家出走。因为孩子知道离家出走的话，问题的重点就会转变。当孩子离开家三天也不回来时，父母就不会再关注孩子犯的错误。只要孩子能平安无事地回来，父母就觉得是万幸了。“离家出走的话，父母会找我啊，过了三天左右便会发短信或推测位置的。他们会装作不知道我犯过错，把我接回去……”孩子对离家出走还有这样的盘算。

之后，孩子就开始要挟父母：要是孩子笑嘻嘻地说话，父母就很感谢；要是孩子脸色难看明显不高兴地待在那儿的话，就开始看孩子的脸色了。父母开始害怕不知何时还会离家出走的孩子。孩子对父母的指责或呵斥也不再感到害怕，认为一旦做错了事就离家出走几天，事情便可以摆平了。出走期间由父母来处理孩子犯下的错；害怕孩子再出走，父母也不会照旧责备——孩子已经知道这些事实了。

孩子们不敬畏老师和父母，是因为没教会孩子敬畏。如果明确又严肃地对孩子讲应该做的事、不应该做的事，孩子就不会弄混。

知道没有遵守明确的规则和标准就会受到处罚的话，孩子们也不会越过那条线。使孩子们陷入没有秩序的混沌之中的，是放弃权威的大人们。

“权威是教孩子就能建立起来的吗？权威是孩子应该知道并且必须认可的，不用教孩子就能接受的。”

这话倒也对。但是通过朋友们之间做的角色游戏，孩子会不会学会认可大人的权威呢？大人们应该教会孩子认可父母的权威、老师的权威。通过反对权威得到的自由，并不能获得真正的自由。如果没有权威，和孩子像朋友一样不分彼此，并不是明智的父母。如果起初没有建立应该遵守的规则，没有明确应该尊重的权威，那就是父母自己的固执、混乱和无秩序。

5. 青春期孩子，最可怕的是冲动

如果你问施加暴力的孩子为什么那样做，答案都很类似："就是因为急躁。"父母也说："孩子平时很善良，偶尔会有些急躁。"大人孩子都说得很轻松，谁都会有急躁的时候，避免不了。但事实是，十几岁孩子的问题大都是容忍不了"急躁"才发生的。

以自己的情感作为标准

最近十几岁孩子的行为标准，不是"该做的事"和"正确的事"，而是"我想做的事"和"有意思的事"。喜欢与讨厌，自己的好恶成了选择的标准。即使是不可以做的事、错误的事，自己觉得有意思并喜欢的话，也轻率地去做。

对一定要做的事却没做的时候，如果你问"为什么不做"，孩子回答说"讨厌做"。即使是绝对不可以做的事，孩子回答说"有意思就做了"。所有选择的标准，都要彻底地符合自己的心情和情感。不管别人问什么都无所谓，伦理与道德也不重要，自己的心情是最重要的。因为自己喜欢就行，所以孩子会做出一些用常识无法理解的事情。

孩子们从小时候起就暴露于充满暴力游戏的环境中，这一点更加助长了这种倾向。孩子们一边游戏，一边不断地模仿"杀人"和各种暴力行为。对怎样能更加残忍地、更快地“杀死”对方，孩子们研究并实行着。问题就出在父母和孩子都觉得“这是游戏，没事”这一点上，错以为即使在游戏中毫不留情地捅人并用枪射击，只要关上电脑离开座位，就会完美地回到现实中。但是，那些进入孩子的眼睛或头脑里的信息毫无意识，并不能区分现实与假想的世界，会原封不动地累积下来。因此，熟悉暴力游戏的孩子，即使在现实中偶然使用暴力，也不会有抗拒感和负罪感。

不会同情他人的孩子

通过我和很多十几岁孩子交谈的结果发现，谈话时沟通最费劲的孩子，可以说是“干脆就没有道德和价值观的孩子”，他们根本不知道什么是不好的、什么是正确的。“打人、说谎、偷东西是错的”，甚至连这样最基本的价值观也没有。“因为对方让我心情不爽，所以自己就打了对方”，这话说起来太理所当然了。无论对方多么痛苦、伤得多重，都不是那个孩子所关心的事情。

曾经遇见过一名号称“牛人”的男生，我亲切地问他在学校生活中与朋友的关系。他说不久前有个很有意思的事情，并把一个小插曲讲给我听。他说自己和三个朋友在教室里把一个同学绑在椅子上打，疼痛难忍的同学哽咽着说话，那样子太搞笑了。这个男生甚至还得意地模仿那个同学哽咽的样子。我问他为什么打同学，他说就是开玩笑而已。“你们只是在开玩笑，那个同学却可能有想死一般的痛苦。”尽管我这样告诉他，他还是那种无法理解的眼神。一瞬间，我感到自己身上起了鸡皮疙瘩，不寒而栗。如果这个孩子就这样长大成人，会怎样呢？想想真是可怕。

这样的孩子是不能通过谈话来说服的，因为他无法理解自己是做错了事才受到批评的。父母只能一边告诉孩子打人是错误的、不可以偷东西，一边让孩子背下来不可以做的事情。但是像背下来的知识过一段时间就会忘记一样，勉强灌输的价值观，过不了多久也会消失。他们已经成了精神上残疾的孩子。

有些习惯或态度在出生后几年内没形成的话，即使通过教育也是无法教会的，这就是对于不可以做的事或不对的事的基础价值观。电影《美丽的飞行》中，刚刚出生的小鸭子们，以为最初看见的少女是妈妈，都紧紧地跟在她后面走。这种现象叫作“印随”，即根据所谓的“决定性的时期”形成的记忆而行动。如果对鸭子而言，出生后的17小时是决定性时期，那么对于人类来说，出生后的几年就是决定性的时期。幼年时期形成的习惯或态度，不要说对青少年，就是对成年以后的人生也会造成影响。这就是父母要在孩子的人生初期就烙印上基本价值观的理由。

教会孩子克制冲动

如果你问施加暴力的孩子为什么那样做，答案都很类似：“就是因为急躁。”父母也说：“孩子平时很善良，偶尔会有些急躁。”大人孩子都说得很轻松，谁都会有急躁的时候，避免不了。但事实是，十几岁孩子的问题大都是容忍不了“急躁”才发生的，而且根本就没有所谓“急性子”这种事。如果是“不可以做的事”，就应该教育并训练孩子，无论在怎样的情况下也绝对不要做，但是父母错过了。因此，现在就要教会孩子克制冲动，这就是父母的作用。

孩子从培训班回来打招呼：“我回来了。”语气里带着怒火。妈妈指责说：“你语气为什么那样？”然后两个人就开始争吵。不到30分钟，妈妈打了孩子一记耳光。在房间里消气的时候，上初二的女孩说：“我要去死！”然后她穿过卧室，就从11层阳台上跳下去了。妈妈只是想纠正听来逆耳的语气，却引发了无法挽回的凄惨后果。

因为十几岁孩子最可怕的是冲动，所以父母的一句话也能使孩子自尽。实际上，一生气就无法控制自己并爆发的孩子，是很常见的。十几岁青少年，对训诫自己不要抽烟、不要吐唾沫的大人们施加暴力的新闻也已不再新奇了。到了小学六年级，体格好的男生就能用身体制伏成年女子。老师或父母也能感觉到孩子对自己的威胁。

“×他妈！”

“疯×！”

学校里会有辱骂老师的孩子。即使是转身小声地自言自语也是不对的表现，而干脆在老师面前破口大骂就更严重了。虽然孩子知道不可以骂老师，但是那一瞬间却无法忍住。实际上，有时遇到某种情况，小学女教师会有这样的想法：“这孩子也许会打我啊，也许会意外地把我杀死的！”像这样无法调节自己的情绪、冲动地使用暴力的男生，并不罕见。

与父母那一代不同的是，学习成绩好而且家庭经济条件优越的孩子，显示出这种问题行为的情况反而更多。在家里，孩子想做的事从没遭过一次拒绝，或者要赖也没关系、只要孩子想要的父母就都给予，又或者父母执意认为孩子人格泯灭也没有必要挽救，这样的环境让孩子失去耐心，并且很容易冲动。这种孩子一旦上了初中，就会以比自己弱小的孩子为对象施加校园暴力，所以这是很严重的问题。

6. 孩子正遭受校园暴力

校园暴力之所以可怕的理由就是：无端遭到暴力的受害者一旦有了力气，就会变成对弱小孩子施加暴力的施害者。

就这样，校园暴力的恶性循环一直在延续。

困于无端的校园暴力中的孩子

他是个初三男孩，无论谁看他都是很单纯善良的孩子。但是，他那单纯的脸上，闪现的表情却复杂多样。凭我长期积累的经验，我知道孩子流露出的表情并不是全部，于是我尝试着和这个孩子交谈。结果，他确实正处于校园暴力问题之中。

上初一的时候，他成为校园暴力的受害者。同班同学B说一起去厕所，他跟着去了。可是一进厕所里，同学B就开始一个劲儿地打他胸口，还用脚踢。他问“为什么打我啊”，B说“就是讨厌你”，就一直打他。

从那以后，毫无理由，只要B觉得无聊就把他叫出去打一顿。这样的事反复发生。大概过去了三个月，他的妈妈发现他全身瘀青，这时才联系了B的妈妈，一起见了面。B也承认了打人的事实，在两方父母前也约定说不再打他。幸运的是，B真的按照约定不再打他了。但是到了初二，他又开始受到其他孩子的暴力伤害。这次是因为他长得像女人一样漂亮的脸“真没劲”，就打了他。遇到的事情反复发生，渐渐地他也有了怨愤。

“虽然我被无法对付的小孩打了，但是有时我看到比我弱小的小孩时，也有想要打人的冲动。像我挨过的打一样，我也想狠劲地打人。所以我打过几次比我弱小的小孩。比起我挨过的打，我打那个孩子也算不上什么。”

“因为我也无端地挨了打，对于比我弱小的孩子或只是我讨厌的孩子，我把窝囊气报复在他们身上，为什么不行？”这就是那个孩子的理论。校园暴力之所以可怕的理由就在这里：无端遭到暴力的受害者一旦有了力气，就会变成对弱小孩子施加暴力的施害者。就这样，校园暴力的恶性循环一直在延续。

没有强有力的处罚，就是问题

强有力而具体的法令，显然在消除校园暴力上会有所帮助。但是在我们的现实中却不是这样。实际上，对施害的学生给予的处罚并不多。最强有力的措施就是强制转学。从2012年1月到8月末，韩国发生了17970起小学及初中校园暴力事件。对那些施害的学生的措施中，以书面道歉（20.0%）的比重最高，其次是参加社会志愿活动、特别的教育学习（17.1%），还有心理治疗（14.6%），被调到其他班（11.6%）等。这样的处罚无疑不能改变校园暴力的恶性循环。

因父母的工作调动，从韩国转学到澳大利亚的小学四年级男生，在午休时间玩闹，稍微用力地推了一下坐在旁边的同学。那个孩子从木椅上滑了下去，摔了个屁股蹲儿。他把这件事告到校长那里，于是韩国父母被叫到了学校。校长对父母警告说，在学校里用力推别人是无法容忍的暴力，如果再发生一次这样的事，就让孩子转学到其他学校，或者被学校开除，而且这已经是考虑到文化差异和语言障碍的处罚措施了。

韩国父母开始惊慌失措。在韩国都算不了什么的事情，在澳大利亚竟是能被开除的暴力。但是，澳大利亚的法令规定，不管什么样的理由与形式，在学校里都绝对不容许暴力和恶言。如果感情用事地说话并行动，就会被同学们隔离并被学校开除，对于这些，孩子们都很清楚。

相比之下，为什么澳大利亚的孩子们能忍住殴打弱小孩子的欲望呢？如果孩子不把自己的怨气都撒在别的孩子身上就没法生活下去，那么面对此种情况，社会文化或家庭教育的影响显然就不能被忽视了。对于这种情况，学校有着具体并强有力的规章制度和法令来约束孩子的行为。孩子们很早就学习并了解了这些规则。一个孩子虽然弱小，但在孩子身后存在的学校和法令却是无私而强大的。

然而，这些在韩国的学校却无法实现。在学校里，有的孩子以倒霉的理由往好端端的同学身上浇水，有的孩子抢钱并把同学当奴隶一般看待。对于钱被抢或被叫作“奴隶”，同时承受百般屈辱被当作跑腿的孩子，同学们会说问题的根源就是你自己——谁让你做什么就去做，不知反抗，所以受害者反而受到同学们的排斥。在学校里，对于某种形态的精神威胁和身体暴力，孩子们应该得到保护。但是，事实上，孩子们却没得到保护。

孩子们因校园暴力而受伤

大部分施加暴力的施害者，都会狡辩说只是开玩笑，并不是真的打人。施害者父母也会以这不负责任的话为根据，说自己的孩子是无辜的。这些大人的错误认识，对校园暴力的盛行也起到了一定的作用。特别是受害学生的父母要求施害学生的父母对孩子加以引导并改正错误行为，或抗议施害者的行为时，施害者的父母会说：“大人们有必要介入孩子们的恶作剧吗？”或说：“还是教好你自己的孩子吧！”反而先发起火来。而且大部分父母即使知道孩子是孤立或暴力的施害者，也会想要否认事实或把事情化小，辩解说“我的孩子绝对不会那样做”，单方面袒护儿女。因为他们觉得要是承认自己的孩子欺负别人，儿女在学校就会受到处罚或惩戒等而吃亏。一部分父母为了使孩子减轻处罚，还会不承认孩子有暴力行为。

孩子们毫无防备地暴露于校园暴力中，父母会因为不是只要好好地养育着自己的孩子就可以解决问题，而让负罪感涌上心头。大人们的错误认识、不适当的应对、素质教育的缺乏、不健全的处罚措施……身在其中，我们的孩子正在患思想上的病。

7. 梦想太晚了吗

孩子还小的时候，很多父母就把他们送到声乐培训班、钢琴培训班、美术培训班、跆拳道培训班，等等。孩子每天奔波于各种培训班，没有喘息的时间。但到了青春期，父母说“这些对学习没帮助”，于是就让孩子中断了培训班的学习，而后却又追问孩子：“你为什么没有梦想呢？”

父母的错误想法夺走了孩子的梦想

上课时，我发现了一个不是在记笔记，而是在笔记本上专心地画画的孩子。我说把画画的本子拿给我看，孩子以为会受到责备，很犹豫。乍一看，笔记本每一页都密密麻麻地画着画。

“画得真好啊，你在画画方面很有天赋啊，往这个方向发展你的才能怎么样？”

“已经晚了。”

“晚了？”

“想画画的话，要上艺术初中再准备升入艺术高中，我都已经初二了。”

“谁说晚了？”

“妈妈。她说想要从艺，从小学三年级或四年级起就要立下目标，要到培训班系统地学习技巧并准备考试。她还说现在就安心学习吧！”

最近，初中的学生都开始相信，别说画画或音乐了，就连芭蕾、舞蹈、足球、篮球，任何体育运动或特别的事都不能做了。这就是因为听父母说，那些都要从小学就准备，经过在专门的初中学习，然后进入专门的高中才行。父母的错误想法夺走了孩子的梦想。

以3800名青少年为对象进行的关于梦想的调查问卷，令人惊讶地显示，83%的青少年回答说“没有梦想”。“像我这样的还有什么梦想啊”“我没有什么擅长的”“能力不够”“用这成绩去谈梦想就是奢侈”，孩子们抱有这些消极的态度。在发现自己的梦想之前，孩子们就对自己做了消极的评价：我不行、我错了、我做不到。

有梦想的孩子们

在澳大利亚的进修项目中，我对孩子们说，假设一切都有可能实现，那么请记录下自己想做什么，以及自己10年、20年、30年以后的样子。之后，我让孩子们在课堂上讲述自己的梦想，并给有着最大梦想的孩子颁发奖品。但是，孩子们只是描绘比现实中稍微好一点儿的样子，并且就止步于此了。即使给予“一切皆有可能”的条件，35名学生也只是将梦想设计得比现实好些。事实上，这并不是梦想。但意外的是，很多孩子对梦想都是这么认为的。

孩子连梦都做不了，并认为梦想绝对不能成为现实。因此，我读着那些孩子写下的最大的梦想，鼓励他们去想更大的梦想。跳出小区、学校、国家的局限，从整个世界的舞台去设想梦想，并具体地描绘出来。这样，孩子们就会描绘出令人惊讶的梦想。

但是，为了实现梦想，就要让孩子有与梦想相关联的体验。实在不行的话，也要有相关联的间接体验。比如，电影或电视剧里有对那种职业或事情的描写，或是对那种学习及运动、观光地的展现。只有体验过，孩子才会带着梦想去学习，并描绘自己的未来。

现在，对于十几岁孩子来说，哪怕能间接地体验梦想中的职业的机会或渠道也不多。虽然在世界上有几千种职业，每种职业都有其不同特性，但是大人们也不是很了解每种职业的真实情况。不管是多么好的事情，无法了解的话，就不会有走下去和实现的欲望。因此，一定要激发孩子的想象力。

初一男生这样说：

“我长大要当娱乐场所的老板。”

孩子的语气和表情散发出这样的感情色彩：虽然老师会反对，但我心意已定。

“那样啊？那也不错。具体说是什么样的娱乐场所呢？”

“网吧、台球厅和酒吧。”

“为什么会有那种具体的梦想呢？有特别的理由吗？”

“我朋友的爸爸开着网吧、台球厅和酒吧，还开着宝马。我也想要那样的生活。记得曾经看见过一次，知道网吧一周收入多少吗？有450万韩元呢。”

“很多啊。”

“一周挣那些钱的话是很多啊。我也想那样，各开一间网吧、台球厅和酒吧。”

“那样啊。但是你想过这些没有？就是说，虽然也有一周赚450万韩元的人，但是也有人不需要开网吧那些店，一周就可以赚450万韩元以上呢。”

“谁赚那么多？”

“专家们赚得比那些更多啊。奥普拉·温弗瑞（注：美国脱口秀主持人）一开口说话，一秒就能赚几百万韩元呢。不管怎样，能赚更多钱的职业有很多，你可以参考一下啊。”

还有一次，一个小学六年级的女生振振有词地说，希望自己将来成为高利贷业主。

“为什么想成为高利贷业主呢？知道高利贷业主是做什么事的人吗？”

“高利贷业主不是把钱借出去而收利息的人吗？”

“是啊，是收取非常高利息的人。但也是把钱借给急需用钱且有困难的人，还不知廉耻地收取高额利息的人呀。”

“听说我朋友的舅舅是高利贷业主。朋友的姥姥去世时，我去参加了葬礼。那里有50个左右穿着黑西服的人，站成一排并以90度鞠躬致哀。他们太帅了，问了朋友，说那是做高利贷的舅舅带过来的人。不是很帅吗？我也想成为高利贷业主，带着那些穿着帅气黑西服的人。”

孩子们通过自己的直接经验，或看到听到的间接经验，来编织自己的梦想。孩子还小的时候，很多父母就把他们送到声乐培训班、钢琴培训班、美术培训班、跆拳道培训班，等等。孩子每天奔于各种培训班，没有喘息的时间。但到了青春期，父母说“这些对学习没帮助”，就让孩子中断了培训班的学习，而后却又追问孩子“你为什么没有梦想呢”。在学习之外没有体验过任何东西，孩子们又怎么能说出来将来想成为什么呢？

8. 孩子感觉不到父母的爱

十几岁孩子在自己最需要父母的爱的时候，却感受不到爱。
父母无心说的话和一些习惯性行为，传递给孩子的不是爱，
而是一个个无法抚平的创伤。

为什么感觉不一样呢

父母每天将“爱你”“我爱你”挂在嘴边，但是孩子竟然觉得自己感觉不到父母的爱……那理由是什么呢？父母感到最委屈的部分正是这个。

“我发现自己没有什么特长，不会什么啊。学习也就那样，也不会画画，不善言辞，不会与人打交道，体育也不好，性格一般般，只是不会被大家孤立而已。虽然自己很悲观，却装成很开朗的样子。妈妈只是担心学习，总是叹气。我也确实没有什么能行的事：考试也考砸了，素质评价的分数也是一塌糊涂。一周以后是我的生日，还有谁像我这样在生日来临之际这么伤心倒霉。看来，我不是父母亲生的。这个地方，好像不该是我待的地方。我要休学去旅行，离开的那天，父母吵架了；我回来的那天，他们也吵架了。家人说爱我，却又时时刻刻在考验我，自己感觉像是在被玩弄着，让我感觉压力很大。我也没有真正的朋友。我要是遭到孤立，别人都会装作不知道。我是一个即使想死，也害怕会痛，从而连死都不能的傻瓜。”

在咨询中，这个初一男孩一直说自己得不到任何人的爱与认可。但是，这个孩子的父母究竟是怎样想的呢？自己会说不爱孩子吗？

看到以青少年为对象的一项统计，回答说“现在自己得不到父母的爱”的孩子超过了80%；然而，问父母同样的问题，他们给出的答案100%都说“爱着儿女”，说“要是有谁比我更爱儿女的话，就站出来看看吧”。父母说自己充满了对儿女的爱，但儿女却感觉不到父母的爱。真是错位的爱啊！

“我妈妈晚上回来，每次说的话都是‘今天收到从培训班发来的短信，你为什么那样啊’。她只有指责我的时候，才和我说话。”

父母觉得工作到很晚、给孩子交学费就是爱孩子，而且只有孩子做错什么事的时候，才需要对话。但是，孩子因为在培训班做错事而能听到妈妈责备，所以会不会是孩子想和妈妈说说话才故意这么做的？孩子在以自己的方式，想确认得到父母的爱。

孩子想得到父母的认可

我和100余名孩子一起去澳大利亚进修游学。孩子们即使要等到凌晨3~4点，也想和我聊天；就算坐在床上打盹儿，也要让我听他们的故事。孩子们希望有人能倾听自己的话，并希望认真积极地对自己谈话。而这些孩子的父母，如果孩子先说想要谈话的话，大部分会大吃一惊吧。

“作为妈妈的我，如果说聊一会儿吧，孩子就说没什么可说的，并‘咣’地把门关上，进了自己的房间。听说孩子先跟老师说要谈话的？真是我们的孩子先说的吗？”

父母们好像无法相信似的，反复问了几遍是否真的是孩子先说要谈话的。

为什么孩子主动说要谈话呢？

十几岁孩子都想说自己的故事，因为对于自己的问题，他们也找不到答案。什么是问题、该怎样解决，孩子自己对这一切也感到烦闷。孩子们希望有这样一个能够倾听并理解自己所有的话，同时能进一步为自己指出方向的人。

孩子们常常这么问："老师，您觉得我怎样？"每到这时，我就会想到一些看似是细微的事，却是我平时对孩子留心观察到的优点或特别之处，于是对孩子说："你真的在那方面很特别，你会很棒的，别担心。"即使是那么短的时间内互相谈的几句心里话，有的孩子过了几年还记得。相反，不能和孩子互相商量，或是说些不相关的话，又或是以特别平常的称赞结束，都是不行的。应该和孩子谈些相关的心里话。如果我没有对孩子留心观察，就会这样对孩子说："嗯，现在还不知道你怎么样。如果能给老师一天或两天时间，老师会特别关照你，然后再和你谈谈，好吗？几天后再来问老师吧。"并和孩子约定好时间。孩子们无论何时都想听到关于自己的积极的话，也想听到还有希望的话，并想得到认可。

"你现在得到的是爱吗？"对于这样的提问，我很少能遇到毫不犹豫地回答说"是"的青少年。因为学习成绩上不去，因为长得胖，因为不能比妈妈朋友的女儿上更好的学校，大部分青少年都有着因此经常受到批评的经历，所以他们不能感受到自己的尊严和价值。

"真是不知道为什么会有父母。他们根本就没有存在的价值。"

"倒霉。有的话，就想派些杀手。真是讨厌那些禽兽不如的东西。真衰。想杀死他们。这种人为什么会成为父母呢？"

"我妈妈说我没考好，所以不让我上培训班了。坦白说，真是卑鄙、恶心、粗野。尽管是把我生下来的父母，稍微没考好，非但没给我鼓励，还很霸道。想要快点儿长大独立，而且想断绝和爸爸妈妈的联系，独立生活。"

十几岁孩子在自己最需要父母爱的时候，却感受不到爱。父母无心说的话和一些习惯性行为，传递给孩子的不是爱，而是一个个无法抚平的创伤。

9. 孩子不会突然改变

十几岁孩子不会在某一天突然改变。虽然那段时间孩子都在传递微小的信号，但父母们却错过了或是没有看到那个信号。即使看到了，他们也不能分析出其中的缘由。

父母对十几岁孩子的作用

如果孩子顶嘴或者动作粗鲁的话，父母会说："我们孩子的青春期也来了啊！"同时，这也是对孩子没有礼貌的行为或语气的认可，于是便睁一只眼、闭一只眼了事。因为他们以为默默接受青春期，就是对孩子的变化敏感地感知，并机智应对的有教养的好父母。这些父母认为，如果每到那时都发火或绷着脸，让孩子坐下来并继续追究的话，孩子还怎么喘息啊？所以对孩子没有礼貌的行为，他们会宽宏大量。

但是，没有规矩的语气和没有节制的行为，以及不知道究竟何时会发脾气等，都让父母感到不安。难道这就是青春期孩子的特征吗？孩子只要照旧上学，不惹大祸的话，就应该感谢吗？父母没有任何对策，难道只有等着孩子自己走过青春期吗？为了青春期的孩子，父母连一件能做的事也没有吗？

对十几岁孩子在没经训练的生活习惯中出现的问题，很多父母都看作是"青春期症状"。相信只要搁置不管的话，就像感冒一样，青春期症状也会消失的。但是父母不予纠正的话，这些症状就不会消失。这些问题只是一直改变着样子和存在的形态，并使孩子变坏。

孩子的青春期来临，不是说现在孩子长大了，可以放手不管了，而是意味着到了父母要集中精神教育孩子，给孩子制定下新的规矩的时候。但是父母没有读懂孩子传达的信息。如果放置不管任其发展，某一天事件爆发时父母就会感叹：我的孩子成了怪人。

“小学低年级时，孩子还很听话，也彬彬有礼地答话，很善良，学习也好……”

妈妈们就这样开始发牢骚，大部分都说“但是，孩子成了中学生就……”然后就这样过去了，所以孩子最后达到了极端。妈妈们说得就好像曾经善良的孩子，成了中学生以后，某天突然发生了基因突变，变成了让人听不懂、看不惯的怪人一样。十几岁孩子不会在某一天突然改变。虽然那段时间孩子都在传递微小的信号，但父母们却错过了或是没有看到那个信号。即使看到了，他们也不能分析出其中的缘由。

不要错过青春期的最初征兆

青春期的征兆从孩子的言谈举止开始发生变化时出现。从某个瞬间起，孩子的语气变得不逊，说话就说半句，或是没好气地回答，或咋舌表示心情不爽，转身就脱口而出“哎呀”。孩子这样的话，虽然很多父母会心情不好，说“怎么这个样子”，但也就那么过去了，而不会采取什么行动。为什么父母们会那样呢？因为他们错以为只有理解孩子的感情，才是好父母。或者也可能是因为，对于孩子，父母没有自信，或是对于该怎么把握，没有自己的标准。因为觉得和孩子吵架麻烦又累，所以也就那样忍耐着。

在圣埃克苏佩里的小说《小王子》中，出现了猴面包树的故事。虽然发芽时，猴面包树和玫瑰长得一样，无法区分，但是如果不拔掉猴面包树的幼苗，其长起来就会遮天盖地，甚至会遮蔽星星。因此，要在萌芽时期就给予关注，并持续看管，看到猴面包树就要毫不迟疑地拔掉它。

十几岁孩子的问题也是一样。虽然开始看起来是细微的小事，但是任其恣意生长的话，却会造成无可挽回的严重后果。孩子起初显示的信号，有很多如同猴面包树和玫瑰的幼苗一样，无法区分是好的信号还是坏的信号。所以父母需要每天不断地观察孩子，这样孩子就不会在某一天突然变成怪人了。

Tip：当今十几岁孩子们的特征

· 到了小学四年级，青春期就开始了。

· 到了小学高年级，孩子的头脑里已有父母不想知道的很多信息。

· 从外表上看，无法区分问题孩子和三好生。不是说裙子太短就是问题孩子，也不是说学习好就是三好生。

· 如果觉得孩子在家没有问题，在学校或家以外也没有问题的话，那是错觉。

· 到了小学五年级，性不再是令人好奇的。

· 孩子没有机会学习对权威的顺从。

· 老师或父母不是令人敬畏的存在。

· 对于一定要做的事和绝对不要做的事，其标准改变了。

· 熟悉暴力游戏。在游戏上体验的杀人和暴力会作为现实的经验，原原本本地储存于孩子的无意识之中。

· 折磨别人，并觉得高兴。

· 冲动地自杀，或因一时急躁就打了大人。

·在老师面前也不停地辱骂。

·正毫无防备地暴露于校园暴力之中。

·在学习之外，没有和梦想相关联的体验，所以没有梦想。

·想要得到爱和认可。

·想知道自己是谁，而且经常在周围人的话语中寻找答案。这就是父母满怀关爱的话之所以重要的原因。

Chapter 2
使孩子痛苦的父母

在父母看来，青春期孩子的行动、语气或态度都是问题，但他们却不知道那些问题大多数恰恰是源于自己。孩子们被动地受到父母的影响，原原本本地学到了他们的人生观和价值观。父母要承认这个事实：使孩子痛苦的，正是自己。

1. 只以成绩评价孩子的父母

父母重视的东西，孩子们也重视。如果父母看到孩子成绩差，就发火；看到成绩好，就很高兴。孩子们通过父母的样子就知道，在世界上最重要的是取得好成绩。

宁愿伪造成绩也不想听唠叨

“不知道87分或91分对别人的父母是否行得通，可对我的父母行不通。他们认为97分左右才行，所以如果我给他们看87分的成绩单就说不过去。我的IQ是136。”

“所以你怎么办了？”

“改了成绩单。进入学校的电脑程序很容易，把假成绩登入到里面，然后打印出成绩单，带给他们。”

“就你一个人吗？”

“我们班同学都那么做了。如果都拿着第一名的成绩单回去，父母会疑心，所以只是按刚好父母会开心的程度来改的。比如平均分是65分的孩子，只要改成72分，父母就喜欢。78分的孩子就会改成83分。这样所有人都改了，把新的成绩单拿给父母。反正也没有大的错误，学校的原始记录还是原样不动。这只是为了让父母高兴。”

“这是犯罪、是欺诈，没这么想过吗？”

“还没到那个程度。虽然有些感到对不起，也没有觉得自己做得很好，但也比被父母唠叨强。”

父母对于成绩的期待和态度，唆使着孩子们去伪造成绩。同样，把只错了一道题的成绩单拿回家，有的父母却这样说：

“这是什么呀！只要一道题不错的话不就100分了吗？所以我跟你说过学习时要再专心一点儿了吧？你就那么差。这么好的头脑为什么就拿不到100分？错一道和错十道又有什么差别。不到100分的话都一样！”

反之，有的父母会这样说：

“哇！只错了一道啊？怎么这么多题都能做对？你真是了不起。妈妈真是做梦也想不到，你能得到这个分数。太棒了！真棒！”

“但是也有拿到100分的同学。”

“不要觉得羡慕，这个分数也很好。100分并不重要，为了得到更高分数而努力才重要。”

你是她们中哪个妈妈呢？或者你想成为哪个妈妈呢？

好成绩不能成为人生的免罪符

事实上，父母对子女的成绩有时是无法自如应对的。有一个养育两个儿子的妈妈，她的大儿子考了全校第一，去学校拜访的时候，她不由自主地挺直了腰板，自豪地说是谁的妈妈。而小儿子在学校里连课都不好好上，经常逃课，她去学校拜访的时候，怕被问起是谁的妈妈，小心翼翼地说话。这真是令人难过的事情。

但是只强调成绩，孩子们会觉得拿到好的成绩，就是为父母做了很了不起的事。

“我至少得到了让妈妈感到骄傲的分数，所以现在妈妈不应该为我做些什么吗？”同时，理所当然地要求父母做出牺牲。不仅如此，对比自己成绩差的兄弟或周围的人，孩子会以暗自无视的态度对待他们。

父母重视的东西，孩子们也重视。如果父母看到孩子成绩差，就发火；看到成绩好，就很高兴。孩子们通过父母的样子就知道在世界上最重要的是取得好成绩，所以为此去做欺骗父母、改成绩单的事。但这并不是父母所希望的。

“学习好的孩子，让他做什么都做得好！”

这句话是在我任教职时，老师之间聊到孩子的时候经常说的一句。如果学习好，对于交给自己的其他事情，孩子也会有责任心。也就是说，不只是学习，就是让他去跑腿，也同样没有问题地能做好。

与过去不同，现在很容易遇到成绩好而素质差的孩子。尽管好成绩绝对不能成为一切事情的免罪符，但我们不是正在认可着把好成绩作为对所有事情的免罪符吗？孩子们在学习过程中怎么样都行，只要结果好的话就行了，这样的想法正渗透于我们的思考方式之中。

2. 认为孩子没有问题的父母

孩子好好学习、天天向上，父母就认为孩子毫无问题。
更严重的是，即使知道孩子有问题，父母也认为学习好就没关系。

父母过度保护孩子

九名女生打了一名女生，理由是别的男同学总是盯着这名女生的胸。挨打的女生受到的伤害需要6个月才能治愈，但打人孩子的父母还忙于为自己的孩子辩护。

“我的孩子不是主动的，打人时只是站在一边看。真正打人的是别的孩子。”

“做了欠揍的事，就该挨打啊。九个孩子会没有理由就打人吗？我们还有话说呢。”

“我的孩子也挨打了，头发被揪了，衣服也撕破了……”

因为自己孩子不是主动的，所以父母就安心了吗？对于被害学生的情况或孩子们为什么能做出那种事来，父母们也不过问。这几位父母认为，如果很多人一起犯罪的话，只要说责任不在我而在他人，或是按照人数，内疚感就会均分。九名加害学生的父母中，仅有一个孩子的父母跟公司请假，立刻找到被害学生和父母请求原谅并劝说其他父母。

“我不道歉。想要跪下请求原谅的话，自己去吧。”

“天气很冷，还去做什么，想要让孩子在外面跪着吗？”

“不会让我的孩子过去。”

最终，说出那些话的父母和施害学生连续三天跪在受害者家门前请求原谅，一直到凌晨3点。如此做，孩子看到了和受害者父母的困难协商，并且因为自己的错使得爸爸跪下请求原谅，孩子开始真心地反省错误。

“这样随心所欲、想做什么就做的生活不行啊。”

孩子对父母说：“自己很羞愧，很对不起。”

天冷为什么坚持让孩子们跪着呢？父母教给孩子的是什么呢？孩子看到那样的父母，会想什么呢？如果不这样做，孩子对于自己的“暴行”是严重的犯罪，是无法认知到的。而且孩子还会了解到，不管自己闯了什么祸，父母知道后都会出面解决。过度保护和歪曲的母性会被孩子嘲笑，但却唯有父母不知道这个事实。

小问题不处理就会有更大的问题

孩子好好学习、天天向上，父母就认为孩子毫无问题。更严重的是，即使知道孩子有问题，父母也认为学习好就没关系。越是这种父母，问题发生时，越会在“我孩子”之外寻找原因和答案。比起找到孩子的错误并改正，他们会找出对方的错误而推卸责任。这样根本无法帮助孩子改正错误。

在澳大利亚研修项目中，我与参加的学生们共同度过了3周。我看到，父母虽然养育了孩子十多年，却还是不明白孩子的问题。父母认为，我的孩子我最了解。但事实上，很多父母并不是那么了解自己的孩子。和孩子们研修回来之后，如果我告诉父母孩子有说谎等缺点，几乎没有父母这样说：“天啊，老师！我到现在还不知道呢。我忽略了孩子的一些缺点，您具体地给指出来，真的很感谢。我以后会多费心的。”但是，他们眼中“世上最好的孩子即我的孩子”。当发现孩子竟然在说谎，父母还是不容易接受，因为像自己说谎后被发觉似的，父母感到丢脸，自尊心受伤。所以，大部分父母对别人指出自己孩子的不好行为与习惯会有拒绝感。但是如果无法客观地听取孩子的问题，就无法解决问题。

而且在发现孩子问题的情况下，班主任请父母来学校谈话，但父母不来学校的情况也不计其数，甚至有父母说：“我的孩子就放手别管了。”或是说：“回到家我会处理的，别当成问题。”也会有这样的反应：“孩子吵闹，不就是比别的孩子更活泼吗？”因为如果说孩子有问题，感觉就是在为难自己，所以父母肯定讨厌听到这样的事实。

因为说否定孩子的话比起说孩子的状态转好的话，父母会觉得更难以接受，所以包括老师在内的第三者，就会因考虑到父母的情绪而使问题简单化。“孩子有点儿吵闹”代替了孩子“把课堂气氛弄得乱七八糟”；“孩子交朋友会有点儿困难”蕴含着“孩子被孤立了”的意思；“朋友关系中存在问题”可以理解成“不分青红皂白就折磨别的孩子，甚至打人”；“上课时很积极”也许是“只顾自己说话，不给别人机会”。作为父母，要知道这些说法。

父母不承认儿女的问题，看起来像是对发生的问题回避了责任，但是其结果是父母会重新面临更大的责任和问题。孩子们不仅觉得没有必要承认自己的错误，还不想听任何人的指责。孩子们会无视并讥讽地说，自己的父母都没说什么，学校、老师、社会等第三者凭什么对自己指手画脚。

3. 无视孩子的父母

世界变化了许多，但父母对孩子说的话好像没什么变化。

自己小时候父母常说的伤害自己的话，又同样地用在了自己的孩子身上：和别的孩子相比较，给孩子造成伤害；

鼓励的同时又在提要求；说爱孩子却扬起了鞭子。

父母的无心给孩子带来的伤害

“你怎么那样啊？邻居家美英就很好……”

“就拿回来这样的成绩？”

“要是有你姐姐一半好也行啊。”

“你倒是像你弟弟一样啊。”

“你要是学习好的话，我为什么还打你啊？”

“每天都背着书包上学，你学习了吗？”

“成绩不好，脾气也差……”

“你到底有什么能做得好的？”

“你怎么回事，别人都做对了，你却不会？”

“生下你这个东西，我真是疯了。”

“真是冤家路窄啊。”

“学习是为了别人吗？我像你这么大的时候……”

“就那个成绩，还怎么考大学啊？”

“你长大以后要当什么呀？”

“世界上哪里还有像你这样不学习的家伙？”

“你要是学习好，那真是说不通了。”

世界变化了许多，但父母对孩子说的话好像没什么变化。自己小时候父母常说的伤害自己的话，又同样地用在了自己的孩子身上：和别的孩子相比较，给孩子造成伤害；鼓励的同时又在提要求；说爱孩子却扬起了鞭子。只有孩子学习好，才想去称赞、认可，想给孩子做些好吃的。虽然是亲生子女，但是也只有学习好，父母才能为孩子做些漂亮的事。但是学习不好，父母对孩子的爱就毫无表现。

更大的问题是，父母们对孩子说的话很随意，也没有负罪感。

“那也算分数吗？”

“减减肥吧。”

只是以自己是父母的理由，就随时触痛孩子的弱点。父母们用一些对邻居孩子都不敢说的话，压迫和指责自己的孩子。怕对邻居孩子造成心理伤害而无法说的话，怎么对自己的孩子就能那么随便地说呢？只是以自己是父母的理由就轻易地、不负责任地说些给孩子造成伤害的话，但父母自己对此却毫无意识。

特别是自尊心强的父母，会有在别人面前说些贬低自己孩子的话的倾向。因为如果消极地贬低孩子，就树立了妈妈或爸爸的自尊心；如果认可孩子，自己的自尊心就不会达到那个程度。

“不算是学习好。”

“也不怎么漂亮……”

贬低孩子的父母并不是在谦虚，反而是傲慢。指责孩子不好之处的同时，想要表现出比起孩子来，自己是很不错的人，这种心理暗藏于父母的内心深处。

孩子们想听父母说的话

给孩子们讲课的时候，我对他们说："不要听父母话的表面意思，而是要听深藏于话里的意思。不管父母说多么恨你，但他们也是比世上任何人都爱你的人。"事实上，话是这么说，我也知道这样的话对孩子们没有说服力。孩子们无法理解，既然父母爱我，为什么还那么随意地说我呢？

对于爱的证明，孩子们并不是要求昂贵的钻石。孩子所期望的，只是父母温暖的一句话。

"慢慢来，先休息，再学习。"

"没事。那个程度也很棒了，以后做得更好就行了。"

"在漫长的人生路上，那点儿茫然也没什么。"

"我爱你。"

孩子们希望父母说出这些话，但是父母常常吓唬孩子说："这次考试结果会决定你的人生。"如果考不好，就像没有活着的理由一样。生命在考试面前无比悲壮。孩子所感受到的压力和紧张远远超出父母的想象。

父母的话，终究是父母对待孩子的心思。父母不安，所以也使得孩子不安。父母在远处看不到，就跟着着急，恨不得考试结果马上出现在眼前。但是孩子的人生很漫长，父母应该明白这个事实，一两次考试并不能决定孩子的一生。

"你不复习功课准备考试，就只知道看电视。"

父母说这样的话，孩子并不会反省。孩子的脑海中绝对不会出现这种想法："下次考试时，不看电视，努力学习。"父母谴责并无视孩子的语气，会成为孩子攻击并埋怨父母的祸根。孩子反而会生气地说，考试成绩低不是自己的过错，而是因为父母常常把自己弄得很烦。

“考试很累吧？结果没有期待的好，伤心吗？”

“考试特别难吗？”

“以后还要补充点儿什么？有妈妈能帮忙的吗？”

把不满意的考试结果先放到一边，和孩子之间好好地谈话。为什么只能说“你那样的成绩，我也感激不尽了”呢？因为孩子已经知道自己做错了什么。

“不知道孩子到底是有想法，还是没想法。什么话也不说，谁的话也不听。”为什么父母会这么想呢？因为知道如果自己说一句话，孩子接下来只会挑父母不想听的话、讨厌听的话说。如果对孩子说些听到后会心情好的话、想听的话，孩子也会想和父母谈话。

谴责或下决断的话不能使孩子改变，只会使孩子关上心门。活着的贝壳，如果硬要掰开它的口，就要用锋利的刀伸进去。如果不那么做，绝对掰不开。但是把贝壳浸入盐水里腌，紧闭的口会自然张开，并吐出杂质。孩子们也是一样，如果在孩子的灵魂里填满温暖的爱，孩子的心门也会自然打开。说着伤人的话，句句都指责孩子的错误，这样去打开孩子的心门，就如同用刀撬贝壳。孩子的心被刀刺痛，伤口在流血。

4. 无条件满足孩子的父母

孩子知道的只是很小的部分，不知道的东西还有很多。
如果让孩子根据自己所了解的知识来做选择和决定，
也许会错过更好的机会。因此，父母要以广阔的视角告诉孩子，
还有其他多种多样的选择。

无条件尊重孩子的父母是开放的父母吗

孩子小时候聪明伶俐，学习好，也很有自己的想法。聪明的孩子说什么话，父母都愿意听从。要是孩子想要什么，父母就按照孩子的意愿满足他的要求。有时，父母看到孩子的自私行为或者不礼貌的行为，也能充分接受。在别人面前，孩子常常是父母的骄傲。

“我的孩子自己知道怎么做，而且什么都会做。”

对于父母这样的想法，旁观者却会担心父母因为过于听从孩子的话，对孩子百依百顺，以后会忽视孩子身上的问题。不管怎样，现在表面上看孩子是没有任何问题，可以后孩子长大要上大学、要毕业就业、要结婚生儿育女，等等。在选大学选专业时，孩子也是根据自己的了解而做的决定。孩子的事孩子自己做主，而对孩子的决定，父母只是无条件支持。

可孩子大学毕业准备就业时第一次碰了壁。孩子认为拿到了接近满分的学分，没有理由找不到工作，但是在面试中却频频遭受失败。起初，孩

子不知道像自己这样的人才为什么会找不到工作。但在面试中接连失败，孩子便开始客观地思考了。

“我所了解的自己，并不是全部啊。别人也会对我有不同的评价啊。我的父母总是说我什么都对，原来我并不总是正确的。”

孩子知道了这个事实，对自己的客观评价和自己的想法也开始不一样。

要付出更大代价的是孩子的婚姻。还不到一个月，孩子就说出了要离婚的话。听一下理由，孩子说：“到现在我的父母一直尊重我的意思，但是公婆完全不那样。公婆又是让做这个，又是让做那个，事事都要干涉，总是想要改变我。”作为公婆，要让嫁过来的儿媳适应自己的家庭习惯本不是大事，但是儿媳却无法容忍。结果孩子在婆家的家庭生活中受挫，要离家出走。

引导孩子的选择

不管是什么要求，父母都会满足孩子，在这种条件下长大的孩子容易成为无法接受别人的意见或建议的人。所以，一旦公婆不能像父母那样认可并听取自己的意见，孩子就无法容忍。

难道说家里有不同意见，孩子就要放弃婚姻生活吗？但是，如果对自己的想法，孩子没遭到过一次拒绝，对于不同意见，也没有过和别人相互协调或做出让步的经历，那么发生这样的事情也不奇怪。因为对于别人的想法或意见，孩子不会觉得很重要或有价值。要通过让步或妥协而达成一致，孩子没有这样的思考方式。

当今，父母无条件地尊重孩子的意见，还认为这才是有教养的父母。但实际上却完全不是那样。当然，对孩子过于强调父母的意愿，也不是有教养的父母。最好的父母是，为了能让孩子做出对的选择而给予正确引导的父母。

孩子知道的只是很小的部分，不知道的东西还有很多。如果让孩子根据自己所了解的知识来做选择和决定，也许会错过更好的机会。因此，父母要以广阔的视角告诉孩子，还有其他多种多样的选择。父母要正确地告诉孩子各种选择会带来的后果，为了让孩子选出自己所希望的，父母要给予孩子帮助。孩子不知道自己的选择会带来的后果，就不能让孩子无条件地按自己的意愿选择，因为孩子会本能地选择一个对自己来说最舒服的。

尊重孩子的人格，并对孩子的要求给予有节制和有限选择的自由，这样的父母虽然不是开放的父母，但对孩子是负责任的。让孩子自己做出一切选择的话，因为不会和孩子吵架，父母会觉得很舒心。这样的父母不但是没有教养的，更是没有责任的。孩子想要什么，就让他去做，允许孩子的一切。然而这样的代价是，将来孩子肯定会经受些痛苦，那时孩子要付出的代价就更大了。

5. 过分苛求孩子的父母

孩子的性格内向温顺，父母越是严格，孩子就越变得胆怯、不自信。孩子把父母当作自己可以相信和期待的人，如果父母威胁并打孩子，他就会觉得在世界上没有一个能相信的人。

父母越是强硬，孩子越会反抗

爸爸在光听名字就令人羡慕的大公司上班，他严格地教育着小学四年级的儿子和初中一年级的女儿。如同在公司工作般，他以日、周、月为单位，让孩子把计划表和学习目标用数字表现出来，并画出图表贴在墙上。孩子们一回到家就要把电视、电脑、手机全部关掉，并坐在椅子上好好学习。在休息的时间里，听着爸爸选来的冥想音乐，孩子坐在地板上做出冥想的姿势。还不仅如此，从孩子上小学起，爸爸就买些关于自我激励的书作为给孩子的礼物，同时还让孩子写读后感，并严格地要求孩子管理好自己的生活。幸好爸爸只有在周末才会回家。但是在爸爸回家的周末，整个家里就像翻了个儿，全家人都要做清扫、收拾屋子，直到爸爸满意为止。全家人都对爸爸的严格标准咬牙切齿，唯有爸爸很满意。

儿子成了中学生以后，如果是爸爸会回家的那天，就会打电话确认："爸爸回来了吗？"得到肯定的结果，他就故意晚些回到家里。不管找什么借口，他都要在外面多待一会儿。最终，儿子被逼得开始离家出走。第五次离家出走时，爸爸再也不找孩子了。爸爸认为，孩子只有经历了世界是多么冷酷和可怕时，才会觉得还是家里好，才会回来。

“如果再等一天还不回来，就要用尽所有方法和手段去寻找。如果孩子回来后和你的想法一样，知道家里很好时，即使你想打孩子，也不能打。以后有很多机会教会孩子还是家里好。”

尽管我这样去劝他，但在这位爸爸看来，仍没有能让他去寻找离家出走的孩子的理由。

幸好孩子第二天自己回家了。在出走期间，孩子通过曾经离家出走过的孩子知道了打工的地方和住宿的地方。

“只要回到家的话，就很生气，没法待下去。即使在屋顶或台阶上睡，也还是觉得外面更舒服。”

孩子青春期来临之前，父母的严格管教在某种程度上也会促使青春期提前到来。但是，青春期开始后，父母的严格标准会成为过了有效期的密码，再也不能使孩子行动起来。父母越是控制，反而会使孩子一动不动。

越是严格的父母，孩子的心越脆弱

父母过分严格，孩子说的谎话会更多、更周密。有一次，小学五年级的男生说，在小区游乐场曾被大孩子们用刀威胁而受到惊扰。孩子到了10点才回家，父母问他为什么这么晚，孩子说在培训班上完课之后，在小区游乐场玩，可是一些不认识的大孩子过来用刀威胁自己，他后来想办法逃了回来。因为是非常严重的事件，父母马上就告诉了学校。班主任找到孩子并调查了事件的原委。但是，老师越反复地问孩子整个事件的细节，发现的漏洞就越多。有着15年教学经验的班主任起初也没有想到孩子是在说谎，因为她觉得如果这是孩子头脑里浮现的电影脚本，那也是太精密的故事了。但最后却查明，一切都是孩子的谎言。孩子玩着玩着，不知不觉时间已经很晚了，因为怕被父母责备，所以编造了故事。

孩子的性格内向温顺，父母越是严格，孩子就越发胆怯、不自信。孩子把父母当作自己可以相信和期待的人，如果父母威胁并打孩子，他就会觉得在世界上没有一个能相信的人。孩子长成大人后，也无法相信比自己有权威的人，并且会反抗他们的权威。

过分严格的父母容易陷入父母的感情和自尊心或是教育观的陷阱中，而无视孩子的感情。父母们要常常反思，对孩子的严格要求是否是为了树立自己的自尊心。

为了教会孩子，定下严格的规则并要求孩子做到是十分必要的，但绝对不是为了让父母安心或舒服。严格的规则是没有教条主义的公式的，而是要达成严格和灵活的平衡。即使要求严格，父母也应该观察孩子的感情状态的细小变化。在对孩子定下严格标准之前，父母要时常想想：为了谁才需要制订这个规则？通过这个严格的规则想要教会孩子什么？父母制订的规则非常严格，对孩子一点儿都不宽容，是没有任何好处的。太严格和无原则的宽容没有什么不一样。

6. 帮孩子解决麻烦的父母

为了孩子，不管什么事都解决好的父母，应该彻底地反省一下，
在帮孩子解决问题后，孩子得到了什么又失去了什么。

父母的热心毁了孩子

在澳大利亚的韩国留学生当中，有的孩子拿到论文题目后就交给其他人来做，再在截止日期一周之前付钱买下论文，然后署上自己的名字交给导师。这样的论文大部分都能得到平均以上的分数。那些孩子为此要支付写手们高昂的费用。自己的家境能使代替写论文的写手们生存下来，他们竟然觉得这是一种实力。如果孩子们自己辛苦地花费时间调查，再用生疏的英语写出来，他们会得到很差的分数，所以他们觉得那么做实在没有必要。

父母也觉得只要有好的分数，孩子不劳身费神也行，没有理由阻止孩子花钱买论文。不知道起初是不是因为孩子英语生疏而承受的压力太大，父母觉得心疼就允许孩子接受了一次帮助，但是现在很多父母都开始默认这件事。

“得到不及格也好，只要靠你的能力去学习，就要满足于你得到的分数。学习的过程是在不断地积累实力，花钱买到的分数是什么实力啊？要加油啊。”

然而现实中这么说的父母很少。孩子遇到困难时，父母不要像麻烦终结者一样站出来帮忙解决，而是要等着孩子想办法自己解决。

孩子有充当麻烦终结者的父母，他们就会认为，只有父母在自己前面冲锋陷阵、排除万难，自己才能往前走。所以当孩子遇到困难时，他不去想着往前跳过去，也不会琢磨寻找一下别的路，只是一味地等着父母帮忙。但是，父母不能充当孩子的障碍清除小组或事故处理小组。父母只是当孩子遇到挫折而倒下的时候，为了使孩子克服困难继续前进，给予孩子鼓励和帮助的人。代替孩子解决问题，虽然能给予父母片刻的安心，但是以后就会成为无法承受的负担。

要让孩子在问题中苦恼

一个男生在初三时自动退学，一年后又复学。不久前，我和他谈了谈。这个孩子因两起盗窃和暴力事件，被关押进少教所，最后好不容易被释放出来了。他自己也知道，如果再犯罪就再也不会得到宽恕。这个孩子的问题是，不认为自己的行为是坏的。他反而说自己没有坏的意图就被判有罪，所以很冤枉。这就是他的思考方式。

“我被放在路边的摩托车吸引了，想骑上去试试，而且我想要把它放回原位，却被人说是盗窃。”

孩子露出纯真的表情。我问他：“对父母所经历的痛苦，你想过一次吗？”他说当然没有。因为自动退学也是父母提交给学校并办理的，他自己别说退学是哪天，就连是在哪个月都不记得了。孩子的父母毫无怨言地为孩子闯下的祸“埋单”。父母代替孩子去学校交退学申请，代替孩子找到受害者，和受害者商量并支付赔偿金，把事情解决好。不知道父母是否还安心地说：“有这样的人脉和财力还真是万幸啊。”

所有的父母都想为孩子的未来做最好的准备，这个孩子的父母也是一样。父母想尽可能地给孩子提供最好的机会，但是父母却没告诉孩子，因为他闯下的祸，别人承受了多么大的精神伤害和肉体伤害。父母就像没有那回事似的，给孩子处理好善后的事情。但是父母的热心对纠正孩子的错误绝对没有帮助，所以父母快速地收拾残局是否是为孩子提供了另一条走入歧途的机会，这是要好好思考的问题。

“我的孩子变坏了也没关系”，世上哪有父母会这样想啊？但是，在孩子走入歧途时，许多父母不知道该怎么帮助，很焦急，无意中就弃之不管了。这样的情况有很多。虽然父母那么操心并感到绝望，但父母还能为孩子做些别的事。为了使孩子重新回归社会，父母就当一切都没有发生，早早地替孩子完美地收拾了残局。但这并不是全部能为孩子做的事，反而父母要以长远的眼光冷静处理，客观地掌握孩子的现状，找到能得到实际帮助的专家来解决问题，这样做才是可取的。为孩子打掩护、包庇，甚至视而不见、纵容，只是茫然地期待着什么时候孩子会好起来，但这样做对做错事的孩子起不到好作用。

不管什么事都替孩子解决好的父母应该彻底地反省一下，自己帮孩子解决问题后，孩子得到了什么又失去了什么。其实，父母所解决的事不都是要多有能力才能解决的难事。总有一天，孩子要离开父母。当父母放手不管时，孩子终会有遇到问题的时候，终会有要自己解决问题、独立生活的时候，而那时，孩子的身旁却不会再有麻烦终结者父母。因此，为了使孩子独立地生活，要让孩子在问题中苦恼，并自己找到解决方法。

为了使孩子在问题中不失去自信并能找到出路，父母要起到提示方向的作用，这样孩子才能通过自己的失误学到教训。孩子通过失误学到的教训绝对不会忘记。

7. 施加暴力的父母

暴力不是凭空出现的，大部分都是孩子反复经历的结果。
因为自己遭受过暴力，所以习得了这一行为。在校园暴力最严重
的初二，施害者遭受过暴力对待的达到90%。

孩子连暴力都师从于父母

周六下午我去游泳馆游完泳之后，洗澡时，看到一个妈妈带着看起来10岁出头的女儿进来。但是，妈妈和女儿的对话有点儿奇怪。妈妈对着孩子说话时，从头到尾都夹杂着命令的语气："哎呀，就不会安静点儿吗？不听话吗？""把香皂拿过来。""快点儿穿衣服。"女儿听到这些话，也是一样用无视妈妈的语气来回答："算了。""妈妈去拿吧。"孩子听着妈妈的话，脸上充满的不是纯真和愉悦，而是抗拒和不安。

在某种程度上，看到孩子就能推测出孩子的父母是什么样的人；同样，看到父母在某种程度上也能推测出孩子的性格。因为孩子说话的语气会和父母很像，就连想事情的方式也不知不觉地很相似。如果父母消极，孩子也没有自信；如果父母看到的都是负面的，孩子就会向负面发展。相反，如果父母积极，孩子也积极。从对人的态度到建立人际关系的方法，大部分的孩子都是和父母学习的。特别是像上面的情况一样，从小时候起，父母就无视孩子的感情并逼迫他。这让孩子在外面对待朋友或是比自己稍微

弱势的人时，会把自己遭受的同种感情施加给别人，并想要战胜对方。

比起孩子的某些坏习惯，改起来更费力的是变得强硬的性格。打孩子并大声呵斥，就如同教孩子暴力。

孩子小时候受到的侮辱和暴力，虽然不能立刻报复父母，但是到了青春期，孩子对挥舞棒子的父母会在某个瞬间反抗，或是去打骂别的孩子，补偿自己受到伤害的自尊心。

暴力不是凭空出现的，大部分都是孩子反复经历的结果。因为自己遭受过暴力，所以习得了这一行为。在校园暴力最严重的初二，施害者遭受过暴力对待的达到90%，即曾是受害者的人成了施害者，如此形成了暴力的恶性循环。孩子以这种理由对同级学生和晚辈行使暴力。我和这样的孩子谈话时，比起问孩子“为什么做了那样的事”，问“你在哪儿遭受过谁的暴力了”是更快理解孩子的方法。结果，他们遭受比自己年龄大、力气也大的人的暴力的情况不在少数。如果不是在学校遭受暴力，就是在家里看到并遭受暴力，所以孩子才学会了使用暴力。

父母中的一个，特别是父亲发火时，常常是控制不住情绪，声嘶力竭地吼叫，更有甚者会动手打人。孩子们非常害怕这种状况，吓得缩在角落里一动不动，但是孩子一旦走出家门就显露出了暴力倾向。当然，不是说父母暴力，孩子就在所有地方都显示出暴力倾向。如果孩子的暴力倾向没有被及时制止，他就会施加暴力，而最容易找到施暴的对象就是弟弟妹妹。在家里，弟弟妹妹是可以放心打的对象。但是，如果没有弟弟妹妹，暴力倾向就会转移到姐姐、妈妈或奶奶等软弱的对象。而且孩子到了十几岁，个子变得和爸爸差不多高，或是在身体上不想再受压迫，某一天他会抓住爸爸挥舞着的手并开始奋力反抗。由此可见，为孩子播下暴力的种子的人就是父母。

暴力归结于暴力

在暴力的父母身边长大的孩子们，当然不会有着积极的形象。暴力的父母大部分有酗酒的习惯，会将行为暴力和语言暴力一并使用，这无形中给孩子带来了更大的伤害。

“爸爸总是骂人，所以我对爸爸说不要骂人了。但爸爸把我带进房间里，锁上门不让我出去，而且还打我。我说要尊重我的人格，爸爸却说‘再多说一句，你还会挨打’。这不是教育，是暴行吧？”

一名初一的女生这样说：“爸爸在职场中常常对客户笑，而且也很文雅，不知道为什么只要回到家，就这样对我蛮横。”因为那个爸爸在外应酬说着违心的话，会很谦逊地低下头，压抑自己的情绪，所以觉得回到家就能随便地说话、发脾气。难道他不是这么想的吗？

在父母的行为暴力和语言暴力中备受煎熬的孩子们，会常常看脸色行事并无法相信别人。因为遭受暴力而形成的消极形象，在任何情况下也会是消极的。对于交给自己的事，也没有要积极解决的欲望。反之，对于压抑的愤怒，孩子找到比自己力气小的孩子作为自己释放愤怒的对象。遭受暴力的经历成为再次行使暴力的核心原因。为了释放暴力而延续的恶性循环，是有着致命的危险的。

8. 不教育孩子的父母

孩子自己想做的事和自己喜欢的东西，成了所有选择的标准。讨厌做也一定要做的时候，孩子会边追问“为什么要做啊”，边想着逃避。

什么是父母对孩子的教育

很多宠物在出生后一年里，就被主人抛弃了。以人的年龄来算的话，正是十几岁的青春期。起初把小狗带回来的时候，即使它到处撒尿、咬坏了家当，也只是觉得可爱。但是那样的行动一直持续的话，主人就开始恼火，为什么把这“东西”带回来让自己受苦，所以就抛弃了小狗。但这是小狗的错误吗？如果主人适当训练小狗的各种习惯，主人和小狗就会幸福地一起生活。

没经过训练的小狗，觉得给自己的生活带来了麻烦就抛弃掉。但是，孩子给自己带来麻烦就不能那样做。所以，没有训练的十几岁孩子就如同给父母制造了一辈子问题的“问题仓库”。

在孩子10岁之前，如果对他进行生活规则和秩序方面的训练，日后父母和孩子都会生活得更加舒适。但是不教育也不训练孩子，当孩子没有按自己希望的去做时，父母就会对孩子发火。

有个爸爸带着上幼儿园的儿子去饭店吃饭。吃完饭后，爸爸在收银台结账，孩子从收银台上的糖果筐里抓起了一大把糖。爸爸和饭店老板看到了，但没有责备他，于是孩子又抓起了一些糖。一瞬间，饭店老板的表情变得很难看。爸爸结了账刚出门，孩子最后又抓起了一把糖。饭店老板“啪”地打了孩子的手。爸爸在门外看到后，对饭店老板是怎么说的呢？

“对不起。孩子不懂规矩……”大概爸爸要是早这么说，孩子肯定也不会有那样的行为。

不过现实中，孩子爸爸却发神经地拿出了一万韩元的纸币，放在收银台上，并对老板大喊：

“孩子吃糖，能吃多少？这样总行了吧！”

孩子爸爸心里也许是这么想的：那点儿糖才多少钱，就让我的孩子被打！那样的糖，一卡车我也能买来！父母认为，没有自己的许可，谁也不能让孩子做这做那。这话也不错。如果父母不愿意，谁也不能在父母面前教孩子对与错。但是，在那样的父母身边长大的孩子，会不知不觉地认为自己是“无论在哪儿，只要我想要什么就肯定能得到”的特别孩子。而且孩子认识到，不管自己闯下了怎样的祸，父母都是站在自己这边抵挡一切的坚实后盾。孩子爸爸用一万韩元教会孩子的是什么呢？

养不教，父之过

下面是在熟人的家里做客时发生的事情。我作为客人坐在客厅里，妈妈和小学五年级的儿子你一言我一语，面红耳赤地吵起来。结果，孩子对妈妈大喊，嘴里还不停地骂着人就进了自己的房间。妈妈和孩子的吵架就那样结束了。看到那个情景，我震惊了。妈妈和儿子怎么能红了脸而吵架呢？儿女能对父母大喊吗？甚至孩子骂了人，怎么能就那样不管了呢？

“刚才孩子骂人了，听到了吗？”

“嗯。”

“但是为什么就那样不管了呢？”

“他那样骂人，我能怎么办呢？”

妈妈说，起初孩子骂人并“咣”地把门关上的时候，她也气得要死，但却哑口无言。于是她就放过了孩子，想着如果以后孩子生气骂人，自己就回到房间里，一个人消消气也就算了。对孩子的错误行为，妈妈没有纠正，而是默认并接受了，还错以为这样就是开明的、善解人意的宽容妈妈。但是只要再深入观察一下就会看出，事实是那个妈妈没有和孩子较量的勇气。孩子说着不堪入耳的骂人话，父母并没有抓住孩子，让孩子坐下来，也没有力量一直去追问孩子，并教育孩子绝对不可以那么骂人。妈妈只等着孩子什么时候意识到自己的行为和语言是错误的。父母们就这样错失了教育孩子的重要机会。

孩子没有从父母那里学会哪些是该做的事、哪些是不该做的事。孩子第一次骂人时，如果妈妈不责备，接下来孩子便会有第二次、第三次。最终，孩子还会对父母行使暴力。

如果真的爱孩子，就应该教会孩子错与对，并告诉孩子，即使损害了自己的利益，有些事情也绝对不能做。父母绝对不能错过教育孩子的时机。

在不责备也不教育的父母身边长大的孩子，自己想做的事和自己喜欢的东西，成了所有选择的标准。讨厌做也一定要做的时候，孩子会边追问“为什么要做啊”，边想着逃避。让孩子只做自己喜欢的事而生活一辈子，是没有哪个父母能给予的。对于讨厌做却应该做的事，孩子没有学到坚持并做好它的忍耐力。只是想想就觉得可怕而逃避去做，这是不行的。

我认为，父母对孩子的错误行为不责备不教育，就是另外一种严重的虐待儿童行为。其实，只是父母想要省事些，就剥夺了孩子们受教育的权利。如果孩子没有接受到应从父母那里及时受到的教育，那么错过的机会，在孩子的余生里，用任何教育方式都不可能再给补上了。特别是父母没教会孩子好的习惯，孩子不仅错过了学到好习惯的机会，而且还使坏习惯代替了好习惯。该教育的时候不教育，就如同父母对孩子的人生犯下了罪行。

9. 孩子要什么就给什么的父母

父母硬着头皮在孩子面前充当富人，很多时候，这样做是为了满足父母的自尊心。至少为孩子做了一些事，父母为了这样的满足感，即使知道会很勉强，还是扮演着富人的角色。

富裕的孩子，贫穷的父母

贫穷的父母也会像富人父母一样，在某种限度上满足孩子的所有要求。但是随着时间的推移，孩子的要求变得越来越高，并且父母所要承受的经济负担也渐渐变大。最终，父母举起手说“再也承受不了了”。但是，这时，这些孩子已经形成这样的欲望：就算偷也一定要拿到自己想要的东西。

贫穷的父母硬着头皮、像富人一样去养育的孩子，比起富人父母自然而然地养育的孩子来，对每件事都很消极而且满腹牢骚；对于钱，他们也比富人家的孩子们敏感得多。像富人一样养育孩子而感到很勉强的父母，平时对于钱所表现出的消极的话语和态度，都原原本本地传达给了孩子——想要充裕地花钱却不可能。

反之，父母根据自己的家境而养育的孩子，性格开朗平和，也能积极地让别人接受自己。那并不一定只局限于有钱父母的情况。如果贫穷的父母把困难的家境告诉孩子，对于父母不能买的东西和家里没有的东西，孩子是能够理解的。即使孩子在父母面前闹情绪，也会很快接受自身的情况。虽然无法买新衣服，孩子心里不是滋味，但不会埋怨，或是觉得父母不爱自己。

孩子要什么，父母就给什么。即使家境不好，父母也会尽力满足孩子的要求。这样勉强充当富人时，问题就产生了。这样的父母为了使自己付出的牺牲是值得的，会寄予孩子更高的厚望，甚至追问孩子："你想要的，作为父母我都尽全力为你做了，你难道不应该为父母做些什么吗？父母牺牲这么多，你为什么只能做这些？"

不关心父母的孩子

父母硬着头皮在孩子面前充当富人，大部分父母这样做是为了满足自己的自尊心。"至少为孩子做了一些事"，父母为了这样的满足感，即使知道会很勉强，还是扮演着富人的角色。

有一个妈妈，给孩子穿的所有衣服都是名牌。虽然家境贫穷，还生活在小城市里，但是穿的都是耳熟能详的名牌。别说是孩子的外出服，就是从睡衣到运动服，每个季度、每年也都要换新的。这个妈妈看见孩子在游乐场穿着干净漂亮的名牌衣服的样子，感到很满足、很自豪。但是，孩子上了初中之后，这个妈妈开始招架不住孩子间的攀比，最后以信用卡透支而告终。

有的父母会认为，对孩子隐瞒困难的家庭情况是正确的。所以父母即使很困难，也会给十几岁的子女买最新的智能手机和最贵的运动鞋。但这是在断送孩子的路。因为父母教育孩子说"我就是再累也行，你不要灰心，好好生活吧"，所以孩子不了解父母的痛苦。甚至孩子会觉得爸爸只是家里挣钱的人，不过如此。比起不足的经济情况，让父母最感到疲惫的是孩子对自己的不理解、不关心，以及孩子还想要更随心所欲地生活的态度。

我给孩子们买衣服或东西时，常常说同样的话："妈妈没法给你们买好的东西，对不起。以后妈妈再给你们买最好的东西，今天就买这个吧。"这样说的话，孩子们会说："妈妈，没关系。妈妈现在给我们买的就是最好的。还有很多孩子连这个都得不到呢。不要心痛了。我们以后挣钱了，都给你买最好的东西。"孩子们会反过来安慰我。

因为贫穷而遭受的苦痛，是不可回避的现状。因此，应该教育孩子，虽然贫困的家境会有些不便，但不是要隐藏并感到丢脸的事情。如果父母隐藏困难的家境并觉得丢脸，孩子会认为父母是无能的，并把自己和无能父母养育出的"没出息的孩子"画等号。

所以，父母应该让孩子有这样的价值观：贫富并不重要，重要的是光明磊落、堂堂正正地生活，并为之努力。

Chapter 3

青春期问题孩子，父母才是答案

孩子和瓷器一样，需要父母精心打磨，才能呈现出光洁的样子。如果希望自己的孩子成为会关心别人、积极并充满自信的人，父母就应该教育并引导孩子。孩子会按照父母的引导而成长。

1. 祝贺孩子的失败

十几岁孩子有失败的权利。
失败或失误一百次、两百次也没关系。
而此时，父母应该给予孩子再次站起来的勇气。

孩子在失败中学习

孩子结束了一天的学习。在晚饭时间，有的爸爸常常这么问：

“今天遇到什么失败的事情了？”

一旦孩子说没有任何失败的事情，爸爸就会说：“今天没学到东西啊！”爸爸之所以这么说，是因为尝试没做过的事有时会失败，但通过失误和失败能学到很多东西。所以，父母要让孩子每天试着做些什么，尝试失败。

孩子们的最大的悲剧是，连能够失败或失误的机会都没有。孩子只失败一次，父母就说人生不能重返；或是孩子一次考试失利，就表现得颓废，好像人生的所有机会都错过了。如果父母坚持说人生不能有失误，这种思考方式也会原封不动地传递给孩子。

但是，稍微有点儿失败的话会怎样呢？通过失败，孩子们能学习并成长。失败之后，决不放弃并再次站起来是很重要的。带着勇气再次挑战而成功了的话，就绝对不是失败。失败只是达成愿望目标的过程。因此，孩子们在失败或失误中，应该变得自由。十几岁孩子有失败的权利。失败或失误一百次、两百次也没关系。而此时，父母应该给予孩子能再次站起来的勇气。

害怕失败的孩子

我和青少年对话的30年时间里，每年我都要和200名青少年一起生活3周。我没见过这样说的十几岁孩子，“虽然学习不好，谁也不认可我，但是我尝试了一些想做的事，有了潇洒地失败的经历，我觉得很幸福。”只提高成绩、进入一流大学，对青少年来说，这不应是能挑战并实现的唯一的幸福条件。

作为青少年，无论什么事都要去挑战，同时要有安全感，或有尝试失败或失误的机会。我不是在说多么伟大的事情，不管是大事还是小事，都无关紧要，即使孩子的失误或失败是可以预见的，也要交给孩子自己解决。

丈夫洗车时，儿子常常在旁边玩肥皂泡。某一天儿子执意说自己要试着洗车。

“爸爸，我想自己洗车。”

虽然孩子仅有10岁，但那副模样是想要展示自己一个人也能洗车。我们认为，和洗不好车所带来的最坏结果相比，孩子的体验更有价值、更重要。于是我们欣然地把洗车用品交给了孩子，让孩子一个人流着汗洗车。

“爸爸，我把车洗得闪闪发光了。”

如同孩子说的一样，车真的很闪亮。不过，车身到处都有被铁丝刷划坏的痕迹。

“哇！”

这是我们能做出来的唯一表现。那个感叹声被孩子听作称赞。对我们来说，这是不给辛苦的孩子造成伤害，同时能表现出震惊的唯一感叹词。

几年后，来买车的人说：“到底谁把车弄成这样的啊？”孩子听到这句话后，明白了自己曾努力做的事是个很大的错误，但是没有因为当时的错误而受到伤害。万一当时看到了孩子用铁丝刷擦拭过的车，我们生气地说：“干什么呀？说了你不行的吧？让你洗车真是个错误的决定。”结果会怎样呢？孩子因为羞愧和负罪感，再也不会主动地要求帮父母的忙了。即使父母让做什么事，孩子也因为担心做错而受到责备，无法专心做事。

开始做什么新的事情时，孩子也会害怕。孩子心想：做错的话，人们会嘲笑我的，还不如就这么待着。孩子不想白白地出来做点儿事就丢脸。这时，父母应该对孩子说：“虽然按照你的想法做也许会受到嘲笑，但是没关系，想着好的结果，去尝试挑战吧！”因为孩子有凡事先想到坏结果的心理，所以会认为是自己能力之外的事，或是害怕做超出自己能力范围之外的事情。但是如果不开始尝试，心里就会有不安、害怕、懒惰等消极情绪。孩子没做过的事情，是不知道结果如何的，所以还没有尝试，怎么就能知道孩子的能力呢？对于失误的害怕，可能是从小时候的经验里就学习到的情绪。

“就知道会那样。你为什么做什么都不好好做呢？学习学得好吗？别人会的运动，你也很棒吗？”

“你做的事经常是那样。我还有什么好期待的。”

“你知道那有多么难吗，你就去做？”

即使一次也没对孩子说过这样的话，孩子看到父母的反应，也会想：一开始就做错了，还是不做更好。

在失败中锻炼孩子

有一次，因为那天有很多事使我十分疲倦，我无意中对孩子说：“为什么那也做不了？”

“到现在，我从没听妈妈说过一次‘为什么那也做不了’，今天却那样说了啊。”

孩子的话，让我吃了一惊。

“妈妈常说‘能做的事为什么不做’，不常说‘为什么那也做不了’。”

把“为什么只能做这些”换成“为什么不做”，虽然没有大的差别，但对于听的人来说，完全不一样。“为什么只能做这些”听起来像是在指责对方，就如同说“你的能力不过如此”，但是“为什么不做”却传达着强烈的鼓励的信息：“能做到就试一次吧！”还会传达给对方以信赖感：“你想做的话，就能做得很好。”

觉得父母对自己有消极评价的孩子，不会具有积极的自我形象。那种孩子什么事也不想开始做，也不会有梦想。因为想要开始做什么的话，孩子就会感到不安。那时不要说“为什么你那样的事也做不了”，而是要鼓励地说：“当然会觉得不安，但是一旦开始的话，不安就会消失的。”如果孩子害怕，父母应该和孩子一起开始做。父母就是为了此时而存在的。虽然不能和孩子一起奔跑到最后，但是为了使孩子不会犹豫太久，为了使孩子随着发令枪声冲出起跑线，父母可以从旁给孩子打气。

在这样的父母教导下长大的孩子，不管遇到多么艰难的挑战，也不会犹豫或畏惧。对每件事都很积极，想着“做了的话就行”“先试试吧”“即使说不行也没关系”“别人都做了，为什么我会不行呢”“不行的话，一直做到行就好了”，并且不管放在什么环境下，都先是期待好的结果并看到好的方面，孩子长大会成为这样的人。

2. 让孩子变得积极自信

孩子积极乐观，不会轻易因别人的话而受到伤害，
也不进行没有必要的比较。即使朋友或兄弟比自己得了更好的分
数或有好的事情，也不会嫉妒他人的成功。

关注孩子的优点而不是缺点

“我这方面表现得还不够。”“我做不了这个。”在我们的文化中，这样说是谦逊的。“我这个做得很好，那个也喜欢”，还有“我在这方面很出色”，如果这样说的话，人们会觉得很不舒服。由于这种社会氛围，孩子们从小时候起就习惯于说不行，贬低自己并消极表现。

在学校和家里也是一样，老师和父母不会对孩子的优点、能力或潜能给予很高评价或称赞，而是在改正不足之处和缺点方面投入更多的时间与努力。“你这个做得真棒啊。”“你有这种潜能。”“你在这方面真的很特别，你要常常关注这个方向，并发展你独有的特别之处。”对这些话，老师会代之以：“你别的都不错，就是这个不行，所以还要更努力。”“你这科分数差，要更好好学习。”对于做得好的事情没有得到关注，而常常只是关注不行的事情，孩子会觉得学习没意思，人生不快乐。而且反复经历这种情况的话，孩子会被自卑感折磨。结果孩子当然会消极地认为，自己是“做不了这个的人”。

我们100分地努力，却为了只能改善10分的缺点。至少从现在开始，父母要尝试着让孩子自由地发展，用10分努力就能得到100分效果的优点。

如果孩子投入更多的时间和精力在自己擅长的东西上，一定会更有发展。因为这样孩子会有成就感并产生自豪感，所以能够树立积极的自我形象。

在青少年时期，孩子具有积极的自我形象是非常重要的。具有积极形象的孩子不会轻易因别人的话而受到伤害，遇到困难的事情，也会积极地挑战，并说："我要试一下，好像可以做到。我想尝试。"即使失败了，他也会说"没关系，下次要做到更好"，并提高自己；或者"不管现在情况多么糟，总有一天我会做得很棒"，同时能够接受自己。这类孩子也没有不必要的比较意识，即使朋友或兄弟比自己得了更好的分数或有好的事情，也不会嫉妒他人的成功。就算朋友挖苦或无视自己，他也能悦纳自己，所以对待对方也会宽宏大量。

父母的评价在左右孩子的形象

重要的是，在很多情况下，孩子的自我形象是从周围人的话中树立起来的。父母要经常对孩子说积极的话，其理由就在于此。如果父母对孩子说消极的话，孩子也会对自己进行消极评价，并那样地认识自己。比如，"你为什么就不听妈妈的话？"父母的话没别的想法，但是孩子会觉得"我觉得我很听妈妈的话，原来我是不听妈妈话的孩子啊"，同时对自己进行消极的评价。慢慢地，对于自己，孩子也会那么认识、那么说。

"我不太听大人的话。"

"为什么那么认为？"

"我妈妈那么说的，说我是不听妈妈话的孩子。"

在孩子的脑海里，已经存储了太多的父母所说的消极评价。更大的问题是，孩子会按照那个评价对自己下定义，并会做出与此相应的行动。父母最看重的成绩也是一样。根据父母积极的评价或消极的评价，孩子的成绩也会积极地或消极地发生变化。

有个学生在初一第一次考试中取得第二十二名时，听到父母说了鼓励的话。

“没事，第一次考试考第二十二名的话也可以。和小学成绩相比，你得到这个分数已经很不错了。不过现在才刚开始，很快就能追上去的。”

“但是也有一下就拿到第一名的孩子啊。”

“第一名的孩子拿到第一，是有他自身的原因的。重要的是，虽然你得了第二十二名，但是从现在开始，一点点上升就行了。开始时不要有那么大的野心，就想着一个月提高两名吧。那样认真学习，大概一年级结束时就能到七八名了。”

反之，同样是第二十二名，有的父母却这样说：

“我跟你说什么了？我说过初中第一次考试排名就是中考成绩吧？所以不是说过吗，放假不要玩，要在培训班努力学习，彻底地准备考试。但这是什么呀？不是年级排名，而是班级排名第二十二，说得过去吗？就这样的成绩，怎么能考上理想的高中？”

受到安慰说没事的孩子，对于父母接受了自己，心里感到很舒服，“好的，去做的话就行了。要安下心来试着去做。妈妈都说了这个分数也不错。不要怀有野心，要踏实努力啊。不能让爸妈失望”，同时原原本本地接受了自己。但是听到父母说应该得到更好分数的孩子会认为，“对我说这次分数是中考分数？是希望我那样啊。那我就再跌下去，走着瞧吧。还有说我玩，我什么时候玩了？放假一直去培训班，从早到晚抓着我不放。别的孩子还去参加更贵的个人补习呢……”如果没有得到父母的积极评价，孩子就会破罐子破摔。

父母为了让孩子树立积极的自我形象，平时对孩子说称赞或认可的话时，不一定要说什么做得好，而是说“你从出生时候起，就是特别的孩子”“作为你自己，你已经是独一无二的了，世界上像你这样的人一个也没有”，并提高孩子的自尊心。

特别是孩子小时做得好的事、受到称赞的事和父母记住的事，经常对孩子说，孩子会安心地说：“妈妈为我而骄傲呢！”

每当有机会时，也要常常对孩子说这些话：“我只要想到10年后，你会成了多么帅气的大人，心里就觉得激动。在你选择的领域，你会成为一个具有实力的帅气绅士，妈妈真想快点儿看到那样的你。”“真的很感谢能有你这样特别的孩子。”听这些话长大的孩子，会成为懂得爱自己且自尊心强的人。

3. 读懂孩子的言行

裙子长不一定是三好生，裙子短也不一定都是问题孩子。
外表只是表面上显露的现象，重要的是，
孩子通过那身装扮想表达什么。

外貌是孩子自我表现的方法

孩子到了十几岁，父母最先遇到的问题就是看不惯孩子外表的变化。从穿衣到头发的长度、化妆、佩戴耳饰，甚至文身，都是与孩子进行心理战的对象。过去，我无法容忍孩子们戴耳饰。如果戴耳饰，我一定会让孩子摘下来。但是，某一瞬间我想到，为什么孩子想戴耳饰，孩子想表达什么呢？所以我问了孩子，是否有什么想法才穿了耳洞，是否有特别的事情，还是有什么特别想说的话就戴了耳饰。让我感到意外的是，孩子对耳饰有很多要说的话。

有个女孩两个耳朵各穿了8个耳洞，并戴了16个不同的耳饰。通过在澳大利亚研修，我见到了这个漂亮的女生。这个女孩子因为这些耳饰，已经受到了学校老师的责备。所以我没有教训并讥讽她，而是问："16个耳洞应该不是一天穿的，能告诉我是以什么样的心情去穿耳洞的吗？"孩子开始说起来。我能够听出孩子隐藏于内心的想法，并且理解了她。对于戴了16个耳饰没有受到责备，而且还说出了自己要说的话，孩子感到很满足。

而且从那时起，可能是她认为自己被接受了，所以再要求她遵守严格的生活规则，也不会被拒绝。

如果十几岁孩子认为自己遭到拒绝，会固执地坚持不必要的东西，而且很叛逆；但是如果认为自己被接受，也能忍受本来无法忍受的东西。

孩子的外表装扮得很奇怪，父母也不一定非要责备，应该先问孩子为什么想要那样。不要依据爸爸或妈妈的标准，而是要问问孩子想要什么，为什么一定要穿那么短的裙子，为什么想要像大人一样穿高跟鞋。尝试着去问理由，并且为了让孩子能说出自己的想法，给予充分的时间。如果父母看到孩子穿奇装异服、头发弄成那样就带有偏见，那么不喜欢孩子那样打扮的话就会脱口而出。

我想对父母们说不要毫无缘由地批判孩子。与此同时，我也要告诉孩子，正确地穿衣服不只是单纯地为了看起来漂亮，而是社会所期待的礼节和人们之间的礼貌，并且自己选择衣服的取向和样式，会对别人传达自己的信息。给孩子列举些简单的例子，并告诉孩子衣服所具有的社会代码，如，为什么婚礼上新娘要穿白色婚纱，为什么人们去参加葬礼时都穿黑色衣服，最初女人们穿裤子时社会上是怎么反应的，牛仔裤的历史是怎么开始的。这样做的话，会使孩子们进一步思考。

如果孩子固执地坚持自己的风格

“因为外表而受到不必要的误会也没关系吗？”

“你想要表现的就是这个吗？”

“衣服和头发一定要弄成那个颜色吗？”

“染头发、穿短裙时，学校里相应的规则是什么？如果要罚分，那么你宁可扣分也一定要那样做吗？可扣掉的分要用什么来补偿啊？”

孩子宁可被扣分，也一定要坚守自己的风格，如果孩子这么执着于某种外表，最好和孩子达成一致并予以许可。因为没有父母的许可，孩子也会那么穿衣服或做头发。为了避开父母的眼睛，孩子可能会分别准备好在学校穿的校服和出门要穿的衣服。为了买另一套衣服，孩子也可能会做不该做的事情。所以给孩子买平时的衣服时，倾听孩子想要什么也是方法之一。

对外表不关心的孩子，不亚于对外表过分执着并费心的孩子，也是父母的烦恼对象。孩子不合年龄地对外表毫不在意，父母也不能无条件地谴责。不换衣服或不怎么洗澡、对外表很不关心，可能是忧郁症的症状。孩子对于自己觉得没有任何期待、活着也很累，现在的情况太绝望了，所以没有抵抗的意志，也没有努力去改善的劲头时，孩子对自己的外表就会变得不关心。

裙子长不一定是三好生，裙子短也不一定都是问题孩子。外表只是表面上显露的现象，重要的是，孩子通过那身装扮想表达什么。如果想改变孩子的变化，就应该读懂孩子的内心。如果孩子感到自己被完全接受，孩子也会开始接受父母的要求。如果父母完全能读懂孩子的内心世界，孩子长大后就会既自信又正直。因为孩子知道在遵守规则的同时，如何发扬自己的个性，因此不会为了得到小东西就说谎。

4. 倾听孩子所谓的小事

如果爱孩子，为了孩子要抽出时间，让孩子说出自己的心事或者心里话。不管做得好的事还是做不好的事，不管好事还是坏事，都没关系，如果孩子把自己发生的所有事都最先讲给父母听，就可以断定他们的亲子关系很好。

从倾听孩子的话开始

孩子出现问题，父母说要和他谈话并让他坐下，但自己却先发火质问孩子做错什么了，同时将所有的抨击、责备和责骂都施加给孩子。父母大骂一通后稍微解了气，这时才对孩子说："你有什么话就说吧。"并且给了孩子辩解的机会，说："你不是也有要说的话吗？"但是孩子此时已没有要说的话了，或者说是孩子什么话也不想说了。即使给了孩子先说话的机会，结果也是相似的。父母会说，"不要说谎""都是说不通的话""那个算是狡辩吧"。父母已经没有了听孩子说话的心思。不管孩子说什么，父母都不愿意听。孩子对这样的父母也不想说什么。结果，虽然父母认为和孩子谈了话，可孩子并不那样想。

和孩子谈话，意味着倾听孩子说话。看到孩子的问题时，父母首先应该问孩子为什么那样，那时的心情是怎样的、好还是不好，好的话为什么好，别人是怎么做的，等等，可以一直对孩子提问。如果听着孩子说话，了解了以前不知道的部分，说“妈妈不知道是那样，以前没有考虑到那些啊”，以此表现出理解孩子。如果孩子充分地说明了自己的问题和情况，接下来就轮到父母了。要是有必要严厉教育，在听完孩子说话之后再说会比较好。

但是大部分父母听着孩子说的话，却无法容忍。特别是说的话与孩子的日常生活相关联就更加无法倾听了，因为父母认为那是没有任何意义的内容。虽然青春期孩子所展现的问题，会让父母觉得很突然、很惊讶，但是帮助孩子的方法并不新鲜奇特。在很多情况下，答案能在平凡的日常生活中找到。而且对于孩子的日常生活，没有比父母更了解的人了。

为了听孩子说日常的话，父母要投入些时间。对有的父母来说，这可能是很大的牺牲。根据父母的不同情况，可能除了时间，其他都可以为孩子付出，因为抽出时间很困难。但是，父母要知道不肯为对方抽出时间的爱就不是爱。

我和孩子们在澳大利亚生活的14年里，我的丈夫一天也不落下，到了早晨就打电话叫醒我们。一天要打15次以上的国际电话，并讲述一切情况。那时，国际电话费不像现在这么低廉，一个月花的电话费超过了100万韩元。而且他每个月一定要来一次澳大利亚，和我们一起度过一到两周的时间。这当然要甘愿承受经济上的损失和社会活动的减少。他推迟或取消了讲课，也违背了广播访谈的日程，同时其他社会活动也不能定期去参加，往返的飞机票钱也是很大的负担。但是这样做的理由只有一个：不肯为了家人抽出一些时间，那么说爱家人的话就说不通。所以，虽然我们分开生活，但比起在一起生活的家庭，我们有着更多的美好回忆和爱的表现。

和父母无话不谈的孩子

如果爱孩子，为了孩子要抽出时间，让孩子说出自己的心事或者心里话。“无论说怎样的话，都不会听到责备、受到讥讽或无视”，孩子们要有这样的自信，才会开始说话。不管做得好的事还是做不好的事，不管好事还是坏事，都没关系，如果说孩子把自己发生的所有事都最先讲给父母听的话，就可以断定说孩子对父母完全信赖，而且父母和孩子的关系很好。如果孩子对父母有要说的事却犹豫了，或是自虐后想着自杀的孩子到最后的一瞬间都忍着不说自己的情况，那么不管父母为了孩子投资了多少金钱，都没有得到孩子的信赖。

“我把这些都告诉妈妈去。”

这句话是在孩子们小时候遇到自己比不过或被不好惹的对象欺负时，常常哭着说的话。孩子说着这句话，心灵上受到了安慰。孩子有这样的心理：别看现在你那么狂妄、无视我，而且我被你打了，但是跟我妈妈说的话，她会教训你，还会站在我这边。孩子说着“我把这些都告诉我妈妈去”并往家走的时候，即使别的孩子在背后嘲笑着，回到家有了妈妈的支持，也便忘了那些嘲笑。但是不知从何时起，孩子们失去了妈妈的无尽支持，即使被孤立被折磨了，也不会和妈妈说。

在学校受到同学侮辱的孩子，“回家对妈妈说的话，妈妈会跟我说没事的”，如果有这种信念的话，那个孩子不管在外面遇到多困难的事，也不会想到自杀或离家出走的极端方法。因为有妈妈站在我这边、认可我、和我一起想办法，所以孩子一个人也会理直气壮。

不要担心自己的孩子隐藏着天大的秘密，或是想着让孩子说出相当大的秘密。取而代之，对于孩子十分计较的小事，也认真倾听吧：今天上学的路上看到某个场面，想到了这些；在某一科上课时，老师说了这些话；朋友说这样的话，很伤心，或是感觉很好；等等。如果每天都能听孩子的零碎小事，父母就不用总担心孩子了。

5. 做像舵手一样的父母

在叫作“子女人生”的船上，父母就像舵手一样，
在发现孩子偏离航道时，为了让孩子能回来，父母要校正航道，
并帮助孩子，才能使船向着目的地前行。

不要和孩子一起划桨，提示方向吧

赛艇比赛中，划桨的选手们和只起掌舵作用的舵手组成一个队伍。因为划桨的选手们背对目的地坐着，所以看不到前行的方向是否是直的。这时，为了使赛艇以直线的方向前行，调整方向的就是舵手。稍微偏离方向的话，舵手高喊“左”或“右”，就能及时地调整方向。

但是，看着赛艇比赛，我常常有一个疑问。在比赛中舵手也不划桨，对拼命划桨的选手们大喊说要使出最后的力气加把劲。究竟费力划桨的选手们对舵手是怎样想的呢？于是我问了当舵手的女孩。

“那么拼命地划桨，如果舵手大喊着说‘再使劲’，选手们不会生气吗？不动一根手指、不费一点儿力气就这样说话。”

“比赛进行时，以为所有劲都使完了，再也没力气了。但是，如果听到舵手的激励，也许还能再使出一点儿力气来。所以即使没有划桨，比赛结果也会取决于舵手。如果舵手太催赶，说消极的话，会挫伤选手的锐气，比赛结果会变得很差。选手们真是累得要死了，如果舵手说鼓励的话，他们会觉得要再使出些力气。”

只要舵手激励选手，用积极的话使选手们哪怕再使出一点点的力量，那舵手的作用就发挥了。“前方1米有我们要追赶上的队。为了今天我们每天早起训练。你们都有充分的资格能得到金牌。来吧，最后一丁点儿的力量都使出来吧！”像这样在赛艇到达终点线之前，舵手要不断地鼓励选手。

在叫作“子女人生”的船上，父母就像舵手一样，在发现孩子偏离航道时，为了让孩子能回来，父母要校正航道，并帮助孩子，才能使船向着目的地前行。

但是，作为舵手的父母，说的话要是积极的，不能夹杂愤怒或不安，因为孩子是拼命划桨的选手。

“不管怎样我也不行吧？妈妈，你说‘你可以的’，只是让我加油吧？”

“不是，因为你能做到，才说你可以的。你要努力的部分，妈妈不能代替你做，但是我知道你能行。不要想太多，明天要走的路，明天再走也行。”

“虽然我知道不能做得很完美，但是我花费了心思，却好像没有一件做得好的事情，而且好像都偏离了方向。尽管想要努力，但是好像还是偏离得太远了，我很害怕回到原点。”

“没事。你并没有偏离到别的方向太远，只要矫正前进的方向就好了。往前走谁都会有点儿茫然，没有谁是能一次也不偏离一直走直线的。所有人都会稍微偏离方向，但最终都到达了目的地。你走得很好。活着别为这些苦恼，对你而言总有重新开始的机会。不要放弃，毕竟任何时候放弃都太早了。”

“还要再走多远？这样努力很疲倦，自尊心也很受伤。”

“在妈妈看来，最艰难的时期已经过去了。只要在拐角处转身的话，就会看得到尽头。本来黎明之前就是最黑暗的。你现在很棒，没事的！”

臂力大的父母会想要代替孩子划桨，让孩子休息一会儿，但是父母应该战胜这种诱惑。因为在孩子的人生中，努力划桨的选手不是父母，而是孩子自己，所以一定要把努力划桨的角色留给孩子。如果坐在舵手位置上的父母划桨的话，会破坏力量的平衡，船会摇晃而无法好好前行。如果想有所帮助，父母要像舵手一样，减轻孩子承受的心理压力，这样才是明智的。

始终给予孩子鼓励和勇气吧

可能的话，想给孩子的人生中开通没有障碍物和速度限制的高速公路，这就是父母的心情。

但是父母是培养孩子越过障碍物的人，不是背着孩子跳过障碍物的帮手。父母应该成为使孩子不放弃剩下的路程，激励并等着孩子的人。

父母不要关注孩子是以怎样的记录冲过终点线，而是要关注孩子是否努力地跑完全程。对落后的孩子，比赛结束前父母不能不离开座位，要为孩子加油、给予勇气。

不要光看眼前的结果，更要用积极的话鼓励孩子，相信并等待着孩子。

6. 用检察官的眼睛判断孩子

对待孩子的错误行为，父母要具有检察官的眼睛和律师的嘴。
这里说的“检察官的眼睛”是对孩子的错误行为进行判断的方法。

平衡爱和教育

父母会说，十几岁子女显示出错误的态度或行为时，自己想说些什么，却不知道从何说起，心里很郁闷，而且真要开始说话时，也调节不了自己的情绪，会发火或是忐忑不安。但是如果那样，发现孩子的错误时，作为父母就错过了理直气壮地责备和教育的机会。

对待孩子的错误，父母要有严格的检察官的眼睛和能说服对方的律师的嘴。检察官是根据情况和法律条款而分辨是非的人。对于普通人不觉得是犯罪的小事，他也能告诉他们那是犯罪，这便是检察官。所以检察官作为第三者，为了能够客观地证实犯罪的事实，会准备证据。

对待孩子的错误行为，父母要具有检察官的眼睛。这里说的“检察官的眼睛”，是对孩子的错误行为和犯下的错误进行判断的方法。比如，孩子对自己无心的一个行为认识不到错误时，或者说“那个为什么坏”“那个又怎么了”，听不进父母的话时，父母要以检察官的眼睛，正确、及时地给孩子指明对错。“这样的行为会给别人带来这种伤害”“传达这种消极信息”，要和孩子解释因为这样不好所以是错误的。这不是责备孩子的意思。孩子在门口脱下鞋，没有放好的话，不要谴责说“就不能好好放一下吗”，而是跟孩子说鞋子要怎样脱下放好，为什么要那么整理。

只是在父母们经常犯的失误中，有一个就是根据父母的心情，孩子同样的行为有时就不了了之地过去了，有时就会发火。如果父母对同样的行为使用不同标准的话，孩子会认为不是因为自己犯了错父母才发火，而是因为父母不爱自己，心情不好就拿自己撒气。因此，对于孩子的行为采用一贯的标准，是想有检察官眼睛的父母最应该具备的重要条件。

孩子犯错时不要指责

如果用检察官的眼睛判断孩子的错误行为，那么也要用律师的嘴来对待孩子。基本上律师的话都很温和：“请用善意理解的眼睛看待这个人的行为吧。虽然后果不好，但是没有坏的动机。请给他再次站起来的机会吧。”话里包含这样的意思。律师的最终目的是助人。

为了使孩子把错误当垫脚石，抓住新变化的机会，父母也要用律师的嘴帮助孩子，开始说：“对于你只能那样，我很理解。谁都会失误，但是通过失误，要学会这些东西。你大概也没有想到你的行为对别人造成了很大伤害，带来了这样坏的后果。如果知道那些的话，你不会那么做的。但是再看一下，后果和你想的完全不一样吧？出现的不好结果，你也没有预想到。现在对这个问题，要再好好想想。”

当然用检察官的眼睛、律师的嘴并不容易，但是父母一定要熟练掌握。孩子有错误行为时，只扮演律师的话，不能使孩子往正确的方向改变；反之，如果父母说检察官的话，尽管会正确地掌握情况，但是孩子的自尊心会受到很大的伤害。

指责孩子的错误时，父母要经常思考目的。具体地指责孩子的错误，是为了引导孩子走向正确的路，不是想要使孩子的自尊心受伤。如果父母用检察官的话，只是指责，孩子不会相信那是父母的爱。

父母用检察官的眼睛和律师的嘴对待孩子。在这样的父母身边长大的孩子，会想到自己的行为所带来的后果。因为父母对于孩子的错误行为事先告诉了孩子，“你要是那么做的话，会带来你想不到的这种后果”。这样的孩子日后处于相似的情况中，会因事先想到自己的行为所带来的后果，而不去贸然行动。

7. 与孩子的坏习惯斗争到底

即使自己的不良行为会严重到威胁自己的未来，孩子也不能很好地认知，因此才会渐渐扩大到更严重的事。这就是在改正孩子的坏习惯、形成好习惯时，父母不要放弃的理由。

不斗争就需要标准

改掉孩子的坏习惯，怎样能使父母和孩子都不受伤，并简单地达成呢？即使父母很受伤、心里不痛快，也要不惜与孩子一战。为了纠正孩子的坏习惯，“生或者死”的斗争是很有必要的。即使父母说过一次这样不好，警告不要再做，也没有孩子会自己停止坏的习惯或行为。要是能自己停止，父母就不会因为孩子而怒火中烧、大喊人叫了。

重要的是，在和孩子的斗争中，父母不可以先放弃。因为在父母立场上说的话，孩子不听，所以父母的自尊心受伤，有时还会有无言以对的悲凉心情。但是不能因为父母自尊心受伤，就放弃了与孩子的坏习惯、恶劣的态度或错误的想法做斗争，要斗争到把孩子的坏习惯改成了好习惯、纠正了孩子的错误想法的程度。这就是需要父母做的。

孩子一边拒绝父母的话，做父母不让做的事情，一边在脑子里盘算：

上次我那样对抗了，这次我要更顽强地对抗。妈妈说话时，我再拒绝几次的话，她就能让我按照自己的想法去做。如果妈妈投降的话，爸爸会劝妈妈的，但这不是我要费心的事。”

虽然父母想要否定说：“我的孩子难道会那样想着跟我反抗吗？不可能。”但是很多孩子分明就是那样盘算并且那么做的。

因为那样就一定要和孩子做斗争，也是不明智的。对于父母要求的标准，为了使孩子不感到是强制压迫，在矛盾爆发前，父母需要有事先预想并确立标准的智慧。

如果孩子说去朋友家玩的话，父母一般说：“不要太晚，早点儿回家。”孩子回答说“嗯”。听到这个回答，父母会这样想：孩子晚的话，也会在晚上9点之前回来。但是孩子的想法并不一样。究竟那天晚上会发生什么事情呢？11点左右回到家的话，父母就冲孩子发火，孩子就会耍性子说他没回来晚，为什么发火。“在没有特殊情况下9点之前要回家”，如果这时有这样的规则会怎样呢？孩子和父母就没有争吵的必要了。这样的标准从一开始就应该定下来。

当然即使有定下来的规矩，孩子们也常常编出各种理由：“平时是9点，但是今天是特别的日子，还以为得到了妈妈的许可，过了9点回来也行。我的朋友们还在玩呢。他们说现在才开始玩真格的。坦率地说，我说要早点儿回家，想玩也忍了，勉强逃出来了，但是妈妈只是发火。”为了不听到这样的抗辩，在孩子出门之前，很有必要经常具体地确认要什么时候回来。

父母是定规矩的人

父母要比孩子更正确地了解他性格上的优缺点。在好好分析孩子的优缺点方面上，要有一个信念，在不能让步的事情上绝对不要让步。“那件事在妈妈这里行不通”，这乍一看觉得很郁闷，父母像是不通情达理的人，但是通过父母的教育，孩子就会明白被许可的界限在哪里。

虽然所有的父母都希望儿女好好的，但是即使孩子要走上毁灭的不归路，父母也以这样或那样的理由不劝说孩子、袖手旁观，觉得到时候孩子会知道回来。而让人感到意外的是，这样的父母有很多。即使自己的不好行为会严重到威胁自己的未来，孩子也不能很好地认知，因此才会渐渐扩大到更严重的事。这就是在改正孩子的坏习惯、形成好习惯时，父母不要放弃的理由。父母不教育孩子的话，又会有谁来教育呢？

“就算你像模像样地找理由，不行的也绝对不行。”如果父母这样明确的话，孩子尝试几次就会放弃。孩子会知道，这个不管怎样，父母都不会许可。因此，重要的是父母的战斗意志。这不是和孩子斗争，而是和“孩子的坏习惯或错误行为”做斗争。

如果从孩子小时起，父母就定下严格的规矩来养育他的话，虽然孩子可能会觉得郁闷，和父母好像还经常起冲突，但是和没有严格的规矩而长大的孩子们比起来，孩子实际上更活泼，行动和想法也相当自由。因为对于容许和不容许的界限在哪里，孩子自己清楚。

Tip：青春期一定要纠正的坏习惯

- 坏的语气和粗暴的行为
- 过度上网或网上购物
- 过度玩电脑游戏
- 盲目使用智能手机
- 折磨软弱对象（包括宠物）的行为或言语
- 晚睡
- 晚起
- 吸烟

· 饮酒

· 频繁说谎

· 不在饭桌上一起吃饭

· 房间里摆放得乱七八糟

· 用过的东西不放回原处

· 晚上很晚回家或晚上经常外出

· 在休息日里只想待在房间里的懒散态度

· 讨厌动弹身体

· 没有节制地看电视

· 害怕读厚的书

8. 适当的体罚比宽恕更有用

在教育中，宽恕具有很强大的力量，但是比起宽恕的力量，孩子首先要知道的是“体罚的规定”。如果开始就劝说孩子不要那样做，以宽恕的态度教育，那么孩子就不会记住那些所谓的规定。

宽恕的力量VS.体罚的规则

和百余名孩子一起去海外研修时，一般来说孩子第一天违背规则时，我会跟他们说明会给予怎样的处罚。开始第一周，孩子们因为是在外国，或是因为怀着新鲜的心情过来的，努力想要改变。但是过了一周左右，熟悉了新环境，孩子们就慢慢地开始按照自己原来的习惯行动和说话了。这时，再出错就应该开始执行处罚规定。

不是违反一次，就决定采用处罚。第一次时，只是指出孩子的错误就结束；第二次违反相同规定时，就警告；再违反一次时，没有警告，直接就运用处罚规定。而且第三次违反相同规定的话，按照我说的，除了一定处罚外，有时根据错误的严重性，还会让孩子提前回国。

在研修期间，孩子们熟悉的这些规定都是非常小的事情。比如，吃饭后要收拾干净；在宿舍里为了不打扰别人，在规定的时间里不大声说话；不骂人；注意不要触动火灾警报器；等等。这是集体生活中的秩序，第一天就应该告诉孩子们的规定。

有的孩子为了满足自己的好奇心或觉得有意思，而惯于给别人制造麻烦。在大多数情况下，这样的孩子在家里时，也不接受父母对某种行动的制约。如果他问为什么那样做，问10次会回答10次说“因为有意思、无聊、当作玩笑”而违反了规定。而且对于后果，孩子会用这样的话脱身：“是当作玩笑，不是想要做坏事。”这样的孩子有一个共同点，就是孩子的父母也没有一定要遵守规定的信念。如果给韩国的父母打电话，告诉他们因为孩子违反规定，明天不参加活动，并要受罚把英语新闻抄到笔记本上，大部分父母会说就放过一次吧。比起遵守定下来的规定，他们更希望孩子能得到宽恕。

如果违反规定时无条件宽恕，规定就似有若无了。如果说对于违反规定没受到任何处罚，那么遵守规定的人和违反规定的人，两者之间没有任何差异。

在教育中，宽恕具有很强大的力量，但是比起宽恕的力量，孩子首先要知道的是“体罚的规定”。如果开始就劝说孩子不要那样做，以宽恕的态度教，那么孩子就不会记住那些所谓的规定。虽然给孩子一两次的辩解机会，警告一下就行了，但是如果孩子再次违反规定，不仅会使别人不舒服，而且孩子还要为违反规定的行动付出代价。

体罚后一定要安抚孩子受伤的情感

事实上，父母对孩子给予处罚规定和体罚，是一件在心理上、身体上很有压力的事情。父母自己应该冷静想想，在孩子说错误的话或有错误行为时，没有体罚而是宽恕的理由是不是因为自己有负罪感。虽然很难相信，但是孩子们比父母更早察觉这一情况。父母宽恕的话，孩子就装作反省，但是不会改变坏习惯。因为孩子觉得做错了事情，自己也没有受到损失，所以持续的宽恕只会养成孩子的坏习惯。

父母要对孩子应该遵守的规定进行说明，并解释说，因为这样的理由，所以要甘受这种程度的处罚规定。如果求得孩子同意的话，孩子会因理解自己的行为和处罚规定，而不会讨厌并抵抗。问题是，没有说明和沟通，父母就对孩子说“我说过不要那么做吧，说过那样的话会受罚吧”，同时无条件施加体罚。

“爸爸用棍子打，我还能挨得住，但是至少在打人之前，叫住我说：‘××，因为你做了这样的事，就该挨打几下。’要是说明一下的话，我就能理解了。否则，我会认为这只是爸爸心情不好才打我的。”

对于孩子们这样辩解的话，父母们也要认真倾听。

所谓体罚，不一定只是意味着肉体上的惩罚，也可以禁止孩子做喜欢的事一段时间，还可以减少零花钱。我喜欢使用的体罚是“和妈妈坐在一起，5分钟不说话”。两个人在卧室或房间里并排坐着，什么也不做，什么话也不说，只是默默地坐着。虽然可能有人会说这算什么体罚啊，但是意外地，孩子们坚持5分钟下来也觉得很难。当然电视和电话要全都关掉，静静地只是坐着。5分钟过后，妈妈可以对孩子说：“你也说说在这段时间里你要对妈妈说的话吧。”这5分钟成了亲子间互相平心静气、整理想法的时间，很有效果。

在研修中也是，孩子不承认错误，非要嘴硬的时候，我就对孩子说面对面坐一会儿，默默思考吧。虽然是几分钟的时间，但是对于老师默默地看着自己，孩子感到很有压力，所以那段时间里会准备一些解释自己行为的话。如果孩子开始为自己辩解，问题的解决就变得相当容易了。不必硬要体罚，也能使孩子理解规定的重要性。如果不那么做，凡事都说“不要做”“那样的话不行”“以后好好的”，就轻描淡写地过去了，孩子也会同样轻视规定。

不管施加多么轻微的体罚，事后一定要安慰孩子受伤的情绪和自尊心。伴随着原谅的话，一定还要拥抱孩子。拥抱看起来是小事，但是却能给予孩子再次被接纳的归属感。

体罚有着强烈的效果，所以使用时要非常注意。比起原谅，使用起来更困难的双刃剑就是体罚。

9. 暗中观察孩子的日常生活

至少有一次在孩子上学的路上暗中跟踪，好确认一下，父母自己所了解孩子的样子和孩子真实的样子是否一致。虽然可能觉得跟着又会知道什么呢，但那时看到的样子可能是孩子最真实的表现。

父母控制了孩子的一切吗

几年前在纽约逗留时，我给在澳大利亚悉尼的女儿打电话。纽约是白天，而澳大利亚时间已经是夜晚11点45分了。

“喂？”

孩子接了电话。

“这么晚拿着DVD一个人走的话，会怎么样啊？”

“妈妈？妈妈在哪儿？”

大概孩子因为很惊讶，肯定转了身。

“哪里？当然是纽约啊。”

“但是你怎么知道我拿着DVD走啊？”

“因为我是你妈啊。”

我在北半球，孩子在南半球。季节相反，时间也相反。但是只听到了孩子接电话时“喂”的说话声，我就推测出孩子是拿着DVD走在路上。虽然孩子只是说了“喂”，却是边走边接电话的声音。在不规律地震动并开放的地方接电话时，有能听到的细微噪声。“快到晚上12点的时候，除了家以外能走着去的只有对面的购物中心。而且在那个时间，购物中心里还开门的只有自助DVD借贷处。超过12点的话，会产生额外费用，所以你要在12点之前去返还。”孩子的情况，就是我所推测的那样。

因为我对孩子以什么方式生活全都了解，所以我听到孩子电话里一句话，即使身在纽约，也能知道在悉尼的孩子的行动。这只不过是一个例子。父母在其他地方，如果一天能和孩子打10次以上的电话聊天，对孩子的行动或心理变化就会变得敏感。父母就会知道“孩子在说这些话时，是有某种想法啊”“在那样行动的时候，有着某种心情啊”。

我觉得当今父母正在用手机控制孩子。如果父母在外面待了会儿，觉得孩子该从学校回来了的话，就打电话检查日程表。

“从学校回来了？看到冰箱第一个格里的食物了吧？放微波炉热一下吃了吧。吃完了早点儿出去，别错过培训班班车。到了培训班以后，给妈妈发短信。”

挂掉电话后，孩子30分到1小时左右在家吃饭、换衣，之后就准备去培训班。但是如果认为孩子在那个时间段里，只是顺从地吃饭、换书包、换衣服的话，就是失算了。这是错过孩子问题的父母。

妈妈的确认电话来了之后，孩子至少有30分钟左右是安心的、自由的。只要妈妈没有特别的事，30分钟内就不会再打电话。孩子也许会在那段时间里，用智能手机看一篇色情文章。实际上，包含小学六年级到初一以上的男生们大部分都说，放学后父母不在家，准备去培训班或独自待着的时候会看色情内容，哪怕只有5分钟、10分钟也好。虽然父母相信用手机控制了孩子，但事实上，却是孩子用手机控制着父母。

某一天突然跟在孩子后面吧

我跟父母们说，对孩子平时的样子进行突然盘查吧。如果父母反问说孩子又不是犯人，为什么突然盘查啊，那就是不知道突然盘查效果的父母。儿子上了两年多的初中，是离家最近的犹太人学校。因为99%的孩子是犹太人，所以学校的一切活动和日历都是按照犹太人日历安排的。虽然环境陌生，生活方式也不同，但由于我觉得犹太人的教育有很多优点，所以就坚持让儿子上了这所学校。

“我真的讨厌学校。妈妈，他们都自己玩自己的，也不把我加进去。我也讨厌学希伯来语。”

“不管怎样，你加入学校代表队了，孩子们不都认可你嘛。”

一开始那么说，我便轻松地推翻了孩子的话。但是，某一天中午，我有事去学校，见到了让我很意外的场面。我静静地在一旁观看在野外桌子边坐成一排吃饭的孩子们。最边上虽空着能坐一个人的地方，但儿子和三名亚洲学生却坐在别处。那天看到了孩子的背影，我能切实地感受到孩子在学校感到的孤独和痛苦。第二天，我就开始为孩子转学做准备。

至少有一次在孩子上学的路上暗中跟踪，好确认一下，父母自己所了解孩子的样子和孩子真实的样子是否一致。虽然可能觉得跟着又会知道什么呢，但那时看到的样子可能是孩子最真实的表现。

要观察孩子去了哪里，和朋友们用怎样的语气说话，从家里出去时是否穿着同样的衣服，等等。你在孩子不知情的情况下跟着，一路上观察孩子的样子、态度、语气和走的路：在家常常是开朗、充满朝气的孩子，从学校走出来的样子是否无精打采；在家里没有话，而和朋友们一起走时是否充满活力；等等。如果不知道青春期孩子的真正样子，父母可以跟着孩子去确认。

如果孩子对朋友无礼或使用粗暴语气，还瞒着父母逃培训班的课，在网吧进进出出，等孩子回到家以后，父母应该和孩子谈话。对孩子说在路上走着偶然看见也好，说因为和朋友们在一起就没过去只是跟着也罢，对于所不知道的孩子的样子，父母应该和孩子认真交谈。从何时起那样、那么做几次了、做了什么，父母都要仔细地去问。这时，父母不要轻易相信孩子的话“今天是第一次”，就那样过去了。在父母所知道的孩子的日程表中，即使空出15分钟那么短的时间，孩子也能做大人所不知道的别的什么事。因此，如果有15分钟以上的时间和日程表对不上的话，就应该经常教育孩子有事要先打电话。

问题隐藏于孩子日常生活中

父母不干涉也不确认，就如同给孩子提供了变坏的机会。“白白隐瞒了，反而父母都知道了”，还有“一开始就说出来更好些，对我妈妈绝对隐藏不了”，要让孩子有这样的想法。起初，父母像是在干涉、在统治，但是一旦不被允许的事变成规定，父母和孩子都会变得更加舒服，因为不可以超越的界限会被明确地划分出来。

为了形成这样有规律的生活，父母要经常和孩子一起行动。我没有把孩子们放在家里就外出办事的习惯。在澳大利亚，法律规定在没有大人的看护下，不能把未满15岁的孩子放在家里。即使我去超市30分钟左右就能回来，也会开车带着孩子们去。不管是运动，还是去图书馆，我也和孩子们一起行动。

如果哪天我上课很晚才结束，孩子们就会去社区图书馆做作业或看书等我回来，这是给予他们的自由时间。毕竟在没有父母看管的30分钟里，孩子们有可能看不让看的信息，也有可能遇到不可以遇见的坏事。

“去超市购物，如果带着一起去，会打破孩子的学习节奏，并且大人和孩子都觉得累，怎么办呢？”

可能有这样想的父母。但是不要认为那段时间很疲惫，那是孩子学习后冷静头脑的时间，是帮助妈妈、共同参与家务活的时间，是舒服地听孩子们说话的时间。

“一起去的话，没有问题吗？和孩子在一起也没有要说的话。”

和孩子们在一起都没有话说，更何况父母和孩子都单独行动呢？何时、怎样才能知道孩子的变化呢？如果不贯穿孩子的一切，在孩子身上发生某种问题时，父母就会无法理解为什么发生那样的事。因为对隐藏于孩子日常生活中的陷阱，父母没有看到其可能性。

10. 认可孩子的样子是最好的

孩子今天最漂亮，表现出的样子也是孩子的真实模样。即使孩子的那个样子不是自己所梦想、所规划的，父母也应该给予认可。不要只是幻想着孩子未来的样子，看到孩子今天的样子就应该感到高兴。

珍惜并爱孩子现在的样子吧

父母对子女原原本本地认可并满足的时期，不是在孩子第一个发育阶段——“翻身”开始之前吗？如果过了几个月孩子还不会翻身，父母就会焦躁不安了。

“隔壁的孩子翻身了。”

“听说后面那家孩子会坐了？”

“朋友的儿子放开手能站着了。”

有了孩子的父母，某一天开始会把朋友、邻居的孩子和自己的孩子相比较。从开始教育孩子起，父母的悲剧也就开始了。几乎遇不到父母这样说：“现在孩子的样子最漂亮。没有哪天能像今天这样，孩子帅气并使我幸福。”

妈妈在怀孕初期妊娠反应严重时，认为妊娠反应过去，就能好好生活了；在怀孕末期肚子圆鼓鼓的时候，认为只要生完孩子，就能喘口气了，也可以舒服地睡觉，身体能方便自如地行动了。但是真的生完孩子，妈妈会觉得孩子在肚子里的时候还算是太平时期。我对前辈们说的这些话不由得点头。为什么喂奶这么难？幼小可爱的孩子为什么只睡一小时就醒了，而且一直哭……即使孩子自己会走路、自己能拿起勺子吃饭、自己能撒尿、自己能大便、自己能穿衣……父母也希望孩子快点儿长大，能独自处理好自己的事情。

但父母的希望不会就此停止，而是会变得更大。父母们焦急并等待着，希望自己的孩子比别的孩子长得快一天，比别的孩子多会说一句话，比其他孩子表现出更好的样子。所以，对于今天孩子的样子，父母无论何时都感觉不足。每当看到孩子时，难过和着急比感谢和高兴更早浮现出来。父母对孩子的不足越感到难过和着急，说不定就越自我安慰说，自己是热衷教育的父母。

“说今天是最漂亮最好的样子？不可能。我的孩子还会长大，还会成为更聪明更帅的孩子。今天还不是。到了明天再看吧、明年再说吧、以后再瞧吧，我的孩子会变得多么帅气。”

或许你也是这么说的父母吗？那样的话，你就是在错过给予孩子即刻快乐的机会。孩子今天最漂亮，表现出的样子也是孩子的真实模样。即使孩子的那个样子不是自己所梦想、所规划的，父母也应该给予认可。不要只是幻想着孩子未来的样子，看到孩子今天的样子就应该感到高兴。拿出几年前孩子的照片，父母就会看到孩子流露着美丽纯真的表情，骄傲地摆出姿势，说着“这么漂亮可爱啊”重新陷入感怀之中。现在孩子的模样在几年后回顾起来的话，不知道会多么漂亮聪颖。

越是信任，孩子成长得越快

父母认为如果对孩子原本的样子不认可，并经常提出高目标的话，孩子受到刺激，会更容易到达更高的地方。然而实际上是相反的，不管怎么努力，也不能使父母满足的话，孩子会感到负罪感。负罪感加深，孩子就会放任自流。父母认为是激励，对于孩子却成了受挫的机会。如果父母满足于孩子原本的模样，并且对缺点也不失望的话，孩子就会更容易接受自己。

当然作为父母，对孩子现在的样子感到安心并不容易。如果父母一直追问“为什么你做不到”，孩子勉强努力也能达到目标，但是那条路会是多么艰辛和痛苦啊。

如果父母认可孩子现在的样子，孩子就不会放弃努力，会做得再好些。父母认可孩子现在的样子，并对孩子说现在也很棒，这本身就是对孩子的正面激励。

有的父母会担心，如果认可不足状态的话，孩子就不会再努力。但是人都会本能地为了更好而行动，对孩子而言，他们也有欲望想学习得更好。因此，对于想从父母那里得到认可、想做得更好的孩子，父母要理解他们的心情，不要吝惜给孩子积极的激励。通过父母的认可和激励，孩子自然就会以积极的样子成长。

你现在正享受于孩子原本的样子吗？不是那样的话，今天就称赞并认可孩子吧。多么帅气漂亮的样子啊！对孩子长大的样子欣赏并享受吧。今天就是孩子的黄金期。

Chapter 4

青春期，一定要教孩子的东西

如果你真的爱孩子，就应该教会孩子分辨错与对，要明确地教育孩子：有些事情即使再想去做也绝对不能做！不管怎样，父母都不能错过教育孩子的时机。在父母的爱和教育下，孩子才能够做好进入社会的准备。

1. 在任何情况下都要学会感恩

如果不感恩，就一定会抱怨。虽然有程度上的差别，但是不会感恩的孩子，首先会表现出不满，并很容易抱怨。即使不抱怨，孩子对于自己拥有的东西也不会感恩，而是认为理所当然。

感恩的力量很强大

“不管怎样我们都要感恩。”

这是我结婚来到婆家时，听婆婆说得最多的话。尽管在我眼里，没有一样是要感恩的事，但是婆婆还是把“我们要感恩”的话挂在嘴边生活着。

“一个房间睡着大大小小的六个人，到底有什么好感恩的？”

“住在没有厨房的单间里，也没有固定收入，怎么还能说我们要感恩呢？”

我这样想着，并怀疑这话究竟是不是出于真心。事实上，我想说：“和盲目的感恩比起来，只有努力去改变才会有发展。光是整天说着感恩的话，又有什么用呢？”我意识到婆婆所说的“我们要感恩”确实是出自真心，已经是在婆婆去世之后了。人生的智慧总是会如这般来得很晚。

让孩子在任何情况下都要先找出可以感恩的事，并且对要感恩的人不太晚地表达心意，是从孩子小时候起父母就应该传达给他们的价值观念。如果你要问“感恩就那么重要吗”，你这样想一下就行了：在感恩所消失的位置上，有什么能够替代呢？

如果不感恩的话，就一定会抱怨。虽然有程度上的差别，但是不会感恩的孩子，首先会表现出不满，并很容易抱怨。即使不抱怨，孩子对于自己拥有的东西也不会感恩，而是认为理所当然。他们会有这样的想法：

“这种程度的事，不是父母应当做的吗？”

“还有享受着更好生活的人呢，这算什么啊？”

这样孩子的心里就不会想着“那也应该感恩”，而是滋生了带着不满情绪的“只有这点儿吗”。

父母首先要学会感恩

如果父母心里不常具有感恩的念头，那么就无法让孩子懂得表达感恩的价值。不管父母的话多好，孩子都不会按照父母所说的成长，而会以父母为样本做事。在重要的瞬间，孩子看着父母背影所学到的东西，会原模原样地出现。

“别的孩子都有的东西，妈妈现在才给我买，还说得好像给我买了多了不起的东西似的！”

“那个能有多少钱！妈妈整天说没钱！住的房子比我们家小的孩子们都有呢。”

如果你有一个会这么和你说话的孩子，为了使孩子能够说“妈妈这么累还给我买我想要的东西，我很感谢”，那就要去改正孩子的话。只有当时改正了孩子的话，下次有同样情况时，孩子才能想到要说怎样的话。但是很多父母在面对孩子抱怨时都会保持沉默，而当某一天心情不佳、无法再忍受孩子的抱怨时，就会厉声大喊“你怎么整天都把抱怨挂在嘴边”。这样做，孩子只会左耳进右耳出，心里想着“妈妈这样大喊就是白费工夫”。

“你学习已经很累了，还要帮妈妈的忙，谢谢了。”

“看到你听妈妈话的样子，真是欣慰。因为觉得家里郁闷而离家出走的孩子很多，但是你却能早早回家，也不惹事，我心里真不知有多么感谢呢。”

“爸爸很累很疲倦，不能陪妈妈。周末能和你们度过，妈妈真的很感谢。”

如果像这样，在生活中累积一些细微的感恩的话，孩子自然而然也会具有感恩的习惯。他们渐渐就会明白，能安然无恙地重复着平凡的生活，就是一件值得感恩的大事，没有必要偏要去经受苦难而学习感恩。所以，从现在起，父母就要训练孩子处于感恩的位置上，并常常怀有感恩的心。

2. 即使受到损害也要遵守的东西

能避免的损害，当然最好还是避免。但如果不受到损害，就会失去更重要的价值，那就要做出接受损害的选择。这样虽然受到了损害，但因为正大光明，所以收获的东西也更长久。

好的东西不会轻易被得到

说起“代价”，似乎就充满着不好的色彩。因此，如果说为了拥有好的习惯，要付出某种代价的话，就会让人觉得不舒服。但是，为了消除坏习惯，当然是要付出代价的。我们需要知道的是，拥有好习惯为什么需要代价。

在这个世界上，有价值的和好的东西不会自己找上门来。不付出努力也能得到的，大多是一些坏习惯。如果想培养孩子形成好习惯，并使好习惯成为孩子自身的东西，就应该教育孩子学会付出代价。在好习惯成为孩子自然而然的一部分之前，父母要告诉孩子需要时间和努力去练习并训练。使庭院废弃得最快的方法，不是喷洒除草剂，而是毫不关心并弃之不管。如果就那样搁置不管的话，再好的东西也很容易被破坏。不想付出代价的态度会很容易使人变得喜欢不劳而获，而想要不劳而获的人，在人生中不会得到有价值的东西。

试着给孩子出谜题，并写出答案：在可以不付出代价就能轻易得到的东西中，有价值的东西是什么？并且全家人都去比较那个答案，然后就会清楚地知道，不用付出代价就能得到的都是些没有多大价值的东西。在很多情况下，看起来像是白得的特价品，实际上已经包含在昂贵产品价格里了。如果了解的话就会知道，那不过是卖掉昂贵东西的诱饵。

即使受到损害也要遵守的价值

为了得到好成绩而付出的代价，孩子们能想到的只有花钱买历届试题，或是请费用高的押题老师当家教。但事实上，为了得到好成绩而要付出的昂贵代价，是专注于学习并默默努力的时间，是即使别人都作弊自己也要以实力去考试的正直的勇气。人之所以无法保持正直的理由很简单，就是因为觉得正直会让自己蒙受损失，撒谎的话会得到更多，所以没有选择正直，并取而代之地选择了欺骗和说谎。假如你的孩子在考试或校园生活中选择了正直的话，就要这样明确地称赞孩子：

“因正直而受到的损失，是你为了成为正直的人而付出的代价。世界上没有免费的午餐，虽然你表面上似乎蒙受了损失，但是取而代之的是你得到了正直的品性，因此收获更大。”

反之，在相同情况下，有的父母会说：“还不如闭上眼睛就那样过去呢。就你正直，和别人都不一样吗？为什么你要受那种损失呢？”这就给孩子灌输了一种价值观：只要是为了利益，去偷盗也没关系。因为偷窃原本就是不费力就能得到好处的事。

代价大都表现为能用数字算出并用眼睛看到的财产损失，或是表现为人际关系弄僵及时间使用上受到制约的形态。能避免的损害，当然最好还是避免。但如果不受到损害，就会失去更重要的价值，那就要做出接受损害的选择。

即使受到损害，因为正大光明，所以收获的东西也更长久，会让人产生自豪感，而这种自豪感是绝对无法用金钱衡量的。

3. 不对别人的痛苦视而不见

为了帮助自己不认识的人，从口袋里掏出叮当作响的硬币的孩子；在想睡懒觉或玩的周六，抽出一天时间，对与自己完全不相关的人欣然给予帮忙的孩子，肯定会是好孩子。

帮助他人就是在帮助自己

几年前，一个很沉的硬币包裹寄到了《青春期孩子的纸条》办公室。包裹里是三年来我和孩子一起积攒的硬币。因为储蓄罐被塞得满满的，不知道该怎么办，于是在和孩子商量过后，我就把硬币和要寄给《青春期孩子的纸条》的信夹到了一起。

当时全家人达成了一致意见，在卧室里放了一个大储蓄罐，并且一分两分地攒着硬币。这在任何家庭里都是没有负担的事情。而且如果积攒的硬币不是用于自己家里，而是为了帮助其他人的话，就能教育孩子在生活中去帮助别人。

“别人也没有帮助我，我为什么要帮助别人？我的零花钱自己用还不够呢。”

对于本身没有经济来源的孩子们，用自己的钱来帮助别人并不容易。尽管如此，走在街上时，让孩子能给伸手要钱的人一点儿帮助，也是很重要的。

“好，就那样吧。因为你得到的零花钱也不是很多。但是钱和时间的属性还真是有意思。如果只是自己一个人用，就会经常不够用；但是如果分给别人一点儿的话，还会有富余。有意思吧？这是只有为别人花过钱和时间的人才知道的秘密。说等自己有余钱或时间的时候再去帮别人，和说一辈子不会帮助别人是一样的。虽然你现在学习上时间不够，也没有足够的钱买需要的东西，但就算只是积攒小硬币，也要培养帮助别人的心。如果你有1万元时，拿出100元来帮助他人都很难的话，那你以后有了100万元，用1万元来帮助他人也会很难。你现在拿到的零用钱虽少，但是如果你能分给别人1000元也挺好。而且虽然你学习很忙，但是如果能在有条件的情况下抽空帮助别人，这样也挺好。有些东西妈妈可以独自享受，但是使人生丰富的秘密，妈妈却不能偷偷一个人享受，也要让我的宝贝女儿享受到啊。”

我们夫妇俩教育孩子，不管去哪儿都要问“需要我帮忙吗”。不管多么有钱，也没有不需要别人帮助的人；不管多么贫穷，也没有一点儿都不能帮助他人的人。孩子们应该经常用自己所拥有的东西去帮助他人。帮助别人并不需要很大的牺牲，也不必下多么了不起的决心。如果有人需要我们微小的帮助，当然要欣然地给予关心并尽力帮忙。

志愿者活动最终会回馈给我们很大的喜悦和意义，这要亲自去体验。如果无法直接找到有困难的人去帮助，还有其他方法，比如也可以把钱捐赠给慈善机构。通过捐赠，能够间接地帮助在第三世界饥寒交迫的幼小孩子们。我们应该欣然地把东西分享给他人。通过分享，孩子就不会对别人的痛苦视而不见了。

帮助他人会使自己拥有健康的自尊心

即使是很小的志愿服务，能够和家人一起去做的经历也是很重要的。

可以一个月一次地，或者在期中和期末考试后的星期六去做，这样父母一学期就有至少两次左右的机会和孩子一起做志愿活动。为了孩子的素质评价，父母不要单方面一个人做志愿活动，而是要和孩子一起做才有意义。当然，不能指望着只是说去做有价值的事，孩子们就会轻易跟着父母去做，也不可以断定地说是好的事情，就对孩子威胁逼迫。

“妈妈，我这个星期一直上学，还要去培训班，很累。周六就不能让我好好休息吗？一定要在周六去做志愿活动吗？”

“是啊，很累很疲倦，一星期一直都去学校学习，所以要是能在完全不同的氛围里度过周末的话会怎么样？而且妈妈想和你一起去……现在你说讨厌去，不过要是去了的话，心情没准就会变得相当好。尝试一下吧！如果去了不是那样的话，下周起就按你说的好好休息。今天就先去一次看看吧。”

为了帮助自己不认识的人，从口袋里掏出叮当作响的硬币的孩子；在想睡懒觉或玩的周六，抽出一天时间，对与自己完全不相关的人欣然给予帮忙的孩子，肯定会是好孩子。他们会拥有健康的心灵。好端端的孩子没有理由去抢钱，也不会因为成绩稍微下降或被同学骂几句就想到自杀。这样的孩子会拥有坚强的心智，不会轻易毁掉自己的人生。

1. 父母也是需要帮助的

从孩子小时候起，父母就要有意识地教育并训练孩子，说自己也是需要儿女帮助的。即使是小事，如果孩子因帮了父母一次忙而感到满足的话，在那以后，他就会学着主动去帮助父母。

哪对父母都无法全知全能

从孩子们很小的时候起，我们夫妇俩就让孩子们帮忙做家务活。在孩子们上幼儿园之前，每个月进行《青春期孩子的纸条》的寄送工作时，我们都会和孩子们一起贴邮票，让他们将《纸条》拿过来，并折好放入信封。早上我们还要和孩子们一起整理好被子，虽然这比我和丈夫自己做要多花上两三倍的时间，但是和孩子们"嗨哟，嗨哟"地把被子放进衣柜里，他们就会因为觉得帮爸爸妈妈做了什么而产生很大的满足感。晚饭后的刷锅洗碗也是孩子们的活。两个孩子踩着椅子去刷碗，有时会用光一瓶洗洁精，有时也会打碎三四个盘子。不过，孩子能代替妈妈去做这些事，就会觉得很有自豪感。

孩子们刷锅洗碗时，我们夫妇只是在一旁称赞道："哎呀，我儿子真棒。我的女儿洗碗洗得这么好啊！"然后在孩子们入睡后，我常要把那些碗全部拿出来再洗一遍。

"不是吧，怎么能只是看着呢？"

“等他们以后成了大人，会很腻烦这些的。这是什么好事啊，从小就让孩子做？”

人们听到我们夫妇的故事后，大部分都是这样的反应。但是孩子在帮助爸爸妈妈时，自己也会感到自豪，而且会认识到父母也是需要帮助的。没有必要在孩子面前把自己装成无所不能的父母，并以此来建立威严。累的话就说累，想休息的话就休息，展现父母原本的样子又能怎么样？只有这样，孩子才不会期待父母全方位的完美。如果孩子无法认识到父母也需要休息、需要帮助的话，那即使妈妈卧病在床，也会因为妈妈没给自己做什么而不断抱怨、发脾气，不会想到自己该为妈妈做些什么。孩子会认为，妈妈只不过是要勤快地答应自己的需求并满足自己的人。

孩子帮助父母时所学到的东西

从孩子小时候起，父母就要有意识地教育并训练孩子，说自己也是需要儿女帮助的。即使是小事，如果孩子因帮了父母一次忙而感到满足的话，在那以后，他就会学着主动去帮助父母。

我的孩子们以前一起整理被子，晚上还要洗碗，渐渐长大后，他们就找了更多能帮助父母的事，因为他们有从小事做起的经验，知道怎样能够帮助爸爸妈妈。实际上，在过去的4年里，负责我们家做饭和购物的都是我的儿子。

有时如果说起这些，有的人会问：“我只想知道，我做好的饭怎么才能让孩子坐下来好好吃呢？”那时我会开玩笑地回答：“那么，让孩子站着吃饭怎么样？”

对于家务活还要接受孩子的帮忙，很多父母都会感觉很别扭。特别是在做全职主妇的情况下，让学习得筋疲力尽的孩子帮忙做家务活，妈妈会感到有负罪感。那样的话，孩子别说是帮助父母，就连对待自己能解决的事也要靠父母帮忙，而且还认为是理所当然的。如果父母的帮忙稍微晚了一些的话，孩子就会耍脾气、发火。这样的事如果反复发生，孩子就会理所当然地认为父母是为了帮助自己而随时待命的人。

来我家拜访的人，看到我们夫妇不断地让孩子跑腿，而孩子默默去做的样子，感到很吃惊。从把垃圾袋拿出去、收拾家里、用吸尘器吸尘，再到有时刷锅洗碗、冲咖啡，在家里我们不间歇地叫着孩子的名字，让孩子做这样那样的事。

让孩子负责一定比例的家务活，其意义在于认可孩子的独立人格。这样对孩子说会比较好，“你也很累了，但是爸爸妈妈因为还有别的事情，我们互相分担并负责吧。”尽管孩子们起初会觉得别扭、不舒服，但是也会很快理解并听从父母的建议了。

一旦孩子们把帮忙做家务事当成习惯，即使到了家外面，对于帮助别人也不会感到别扭。看到男生说“在家里经常帮助妈妈”，并毫无怨言地洗碗或擦桌子，就浮现出孩子在家里对父母的话顺从并跟随的样子。而且经常帮助父母的孩子，到了社会上，对于交给自己的事情也会尽责任。因为这样的孩子在家里已经学到了：不管大事小事，交给自己的事就要做好。

在父母为自己把一切都准备好的氛围下长大的孩子，很容易在家里过着没有义务和责任、只是主张权利的生活。只注重自己要享受的权利的孩子，会很容易说出自私的话或做出自私的行为，而不知道去关心别人。能取代这种习惯的办法，就是交给孩子事情并让孩子负责，哪怕是很小的事情。

“因为你很细心，所以在睡觉前就请你去确认一下家里的灯是不是都关着，房门是否锁好，电脑是否已经关机，电视机的电源线是否拔下来了。这些检查就由你负责好了。”

这样叮嘱过之后，为了使孩子尽好责任，在睡觉之前还要让孩子环顾家里一圈。不能有桌上还乱着，或是开着灯就上床睡觉的事。这些事情对孩子的意义在于，他们会因自己作为家庭成员为爸爸妈妈做了什么，而产生自己是家里的必要存在者的自豪感。

2. 表现自己想法和内心的方法

父母们有时会发牢骚说，尽管是自己生的孩子，却不知道孩子心里的想法。反之，孩子们因为对爸爸妈妈说话时常常得到相同的回答，所以觉得没有必要说。尽管以血缘的名义互相捆绑着，并且在一起生活，父母和孩子却还是这样疏离。

说“孩子不说话”的妈妈和说“只听到相同回答”的孩子

基本上，人们都想和了解自己内心的人聊天。孩子们也是一样，无论是朋友、前辈、异性还是大人，都倾向于寻找不去判断讲话者的心，而是原原本本地把所听到的事当成自己的事情一样认真倾听的人。如果那个人就是父母的话，那真是再好不过的事情了。

“我都不知道10年后我是死是活，还能有什么梦想啊！”

我让孩子们想象自己10年后的样子并写作文，其中一个初一男生在作文里写了这样的话。不知怎的，孩子像是试图要自杀似的充满了忧郁，于是我叫来了孩子，和他谈了谈。

“读了你的作文，我有些惊讶。老师觉得你活泼开朗，从来不知道你还有这样的苦恼。是什么让你感觉那么累呢？”

“就是讨厌活着，也讨厌上学，想学着去做些什么。”

“你不是说想当运动员吗？”

"是啊，但那是妈妈让我去做的。实际上我不喜欢运动。妈妈说要那么做，我就那么做了。"

"那么，你跟妈妈说过讨厌运动吗？"

"对我妈妈来说，那样的话说不通。她会觉得我是因为懒惰而在耍滑头。"

"真的说你耍滑头了吗，即便你做得很好？"

"真是有压力啊。去练习的话，别人好像都只盯着我看。我要是摔倒的话，他们好像都在嘲笑我，所以我很讨厌去练习。但是妈妈不知道我是因为这样的原因。"

"你要是因为运动而这么有压力的话，应该跟妈妈说啊。不是吗？"

"如果我说讨厌运动的话，妈妈就会听成我讨厌练习。而且最近我也讨厌学校。真是不知道10年后我是死是活。"

"妈妈还不知道你有这样的想法吧？"

"当然不知道啊。我和妈妈没说过这些。"

"为什么这么重要的事还对妈妈隐瞒呢？"

"我讨厌说。我要是开始说话，妈妈只会说老一套的'努力吧。别的孩子们都行，为什么你做不到'。现在我也厌烦听这些话了。"

父母们有时会发牢骚说，尽管是自己生的孩子，却不知道孩子心里的想法。反之，孩子们因为对爸爸妈妈说话时常常得到相同的回答，所以觉得没有必要说。尽管以血缘的名义互相捆绑着，并且在一起生活，父母和孩子却还是这样疏离。

创造打开心门的时间吧

如果父母、子女之间不说话，那就无法了解彼此的内心。不管怎样，父母应该侧耳倾听孩子说话。为了知道孩子有怎样的想法和烦恼，父母应该经常创造两个人相处的时间。

如果建议即使麻烦也要和孩子多相处的话，父母们就会开始发牢骚："互相都很忙，哪里有那个时间？"而且还会说，有那个时间还不如坐在书桌旁学习呢，不能让正在学习的孩子去玩。

虽然给人的感觉可能是在浪费学习的时间，但实际上，孩子和父母一起度过的时间绝对不是浪费。也就是说，那绝对不是无意义的时间。觉得只要孩子坐在书桌旁就会一直只专注于学习，这只是一个天真的想法。和那样的方式相比，还不如在这个时间和孩子一起散步或运动。

和孩子们在澳大利亚生活的时候，我曾经每天晚上在小区走或跑一两小时，就当锻炼身体了。当时初一的儿子和我在一起，成了我的保镖。就那样走路对孩子来说太无聊，我于是就让他骑自行车或摩托车。为了和我的速度相符，他在下坡时一直踩着刹车，车轮都磨坏了。

"妈妈需要你。只要有像你这样踏实的保镖，我才能安心。"

即使孩子发脾气说麻烦，我也经常对孩子撒娇，说要一起走。当然，如果那样也不行的话，就将表情变得很可怕，再说一句"跟着过来"的话，便能解决。

孩子会因为被拽着出去而发脾气，但是走着走着，他不知不觉地就会放松心情。我们一起走着，聊起在学校发生的事：朋友的事、老师的事、学习的事；有时还聊出格的事，或聊在电影中看到的有趣场面或是感人的事情；也聊学校里某个孩子犯下的有意思的错误，同时我们还会哈哈大笑。走到筋疲力尽的时候，我们也会坐在矮墙上，一直坐到经过了10辆卡车，或是10辆特定牌子的车的时候。我们就那样一起度过了时间，同时了解了之前彼此不知道的事，也互相分享了内心的想法。

有的父母说不知道要和孩子说什么，对孩子说话也只是很简短地回答，怎么也不说自己的事。有时候，没有必要执意让孩子说话。不能勉强地拽着孩子说话，而是要先从父母说自己的事情开始。例如：妈妈今天因为这件事心里很受伤；发生了这样的事情，所以很有意思；妈妈像你那么大的时候，有这样的想法；等等。聊这些看起来无聊的话，结果会怎么样呢？孩子虽然装作讨厌听，但其实都听了。

现在我也跟我的孩子们聊得很多。不管什么都聊：经济问题、孩子们的前途、朋友问题、异性问题、隔壁小狗的事、小区里发生的事，以及在购物中心发生过的事情，等等，这些都会成为我们聊天的话题。我们也会聊在报纸上看到的新闻或感人的书。在一起的时候，我们一直都互相聊天，所以不管什么都聊得来。即使只是看语气或表情，我也能知道孩子的心里有百分之几的不满。

切忌说别人的坏话或否定的话

和孩子聊天时，有一些话绝对不要说，比如说家里人的坏话。特别是如果妈妈对爸爸有不满或发牢骚，会使孩子不自觉地认识到爸爸是有问题的人、坏人。即使不是家人，如果在谈话中贬低谁或说谁坏话的话，对于一次也没见过的人，孩子也会带有偏见。因此，在和孩子说话时，最好不要把对某人的否定内容当作主题。因为悲观和否定的话语会让孩子在和妈妈聊天的时间里很有负担感，所以父母要克制自己。正确的做法是，对于共同知道的人，要称赞其特别之处、优点或值得感谢的地方。这也会成为一个教孩子学会认可并称赞别人的机会。另外，最好尽量用愉快、美丽和积极的话语，使孩子萌生出对人生的积极想法和梦想。

每天吃完晚饭后，哪怕是拿出40分钟到1小时和孩子单独散步，那么当孩子到了青春期的路口，在其所能遇见的精神与肉体的混乱中就不会迷路，并能好好地成长。父母也能自然地形成与孩子的良好关系。

3. 子女也应该为了得到爱而努力

因为是家人，就主张所有人要得到同样多的爱，是不正确的。子女自己也应该努力，想得到更多爱的话，就应该让父母感动。那样的孩子在长大成人、走入社会的时候，就能学会和别人一起生活的方法。

同时被咬到的十个手指真的一样疼吗

“同时咬十个手指的话，没有哪个不疼的。”（注：这句话指的是每个孩子都是父母的心头肉，父母都很疼爱，不会偏心。）这句话很早就否定了父母们对子女的偏心。但是我的想法有点儿不一样：被咬的十个手指的确都会疼，但是疼痛的程度却会因咬的强度以及方式而有所不同。因此我认为，对子女的偏爱是存在的。人们去爱并珍惜他人时，怎么能使量和度一样呢？父母对子女的爱有差别才是正常的。

不过，对感觉得到了更少爱的孩子，父母要注意别使其受伤。孩子们对父母的爱很敏感，会想知道在自己和姐姐哥哥或弟弟妹妹中，爸爸妈妈觉得谁更漂亮、谁更称心。孩子们会无意识地权衡和比较父母的爱，并关注父母的爱是否偏向某一方，兄弟更不可避免地将是一辈子的竞争对手。

孩子也应该为了得到爱而努力

对于父母偏爱某个子女的现象，专家们建议说，父母要行动起来使孩子看不出来，或者在被发觉的时候要予以否认。但是所谓爱，刻意掩藏的话就会有问题。即使想不让孩子看出来，受到体罚的孩子也会看出来；即使父母想要掩盖，偏爱的情感也总是往外泄露。那就是爱的弱点、爱所具有的局限。实际上，很多十几岁的孩子会觉得和自己相比，爸爸妈妈好像更疼爱并喜欢自己的兄弟姐妹，因而苦恼着说自己很伤心、想死。

“我妈妈常常只是照顾哥哥。哥哥说想上培训班的话，妈妈二话不说就送他去了，而我要是有想做的事，就得说服妈妈。常常所有的事都是哥哥优先，换电脑的理由是哥哥学习上需要，不能在客厅看电视的理由也是妨碍哥哥学习。我妈妈好像忘掉了我存在的事实，看来我不像是她的亲生女儿。有时候我太恨哥哥，也会想着要是哥哥死了的话就好了。”

“妈妈常常只相信姐姐的话，只要是姐姐说的，她都会毫不怀疑地接受；但要是我说的话，她却常常会去确认。姐姐学习很好，看来妈妈只喜欢姐姐。”

对于认为自己比其他兄弟姐妹得到了更少的爱而生气的孩子，我建议首先认可他的意见。如果只是主张父母的爱是公平的话，孩子们就会关上心门。

“可能确实是那样的。你那么感觉的话，大概是对的。可你要怎么办？只是诅咒比你得到更多爱的人吗？还是会哼唧着说‘再多爱我一些吧’？既然是父母的孩子，多要一些疼爱又有什么可胆怯的呢，是吧？但除了这些话之外，你还要去寻找能得到更多爱的方法。你自己要使父母感动。不管是努力学习、帮忙做家务活、有礼貌的行为还是正确的语气，不管是什么，都要能带来感动，使父母用充满爱意的眼神看你。这不是父母的过错。把偏爱看成父母的过错是无法解决问题的。社会是更具差别化的，当这种差别化的待遇出现在你身上，你也要生存。那样的话，你能做的事情是什么？是只认可并接受不公平的现实，还是要为了改善令人不满的现状而努力？你使自己不受伤害并能得到爱的途径是什么呢？”

社会在何种情况下，都不会给予人们同样的爱以及同样的待遇。但是区别对待能力不同的人，反而是公平的。因为是家人，就主张所有人要得到同样多的爱，是不正确的。子女自己也应该努力，想得到更多爱的话，就应该让父母感动。那样的孩子在长大成人、走入社会的时候，就能学会和别人一起生活的方法。

教孩子懂得关心和照顾他人

有的孩子固执地认为父母应该无条件地爱自己，而且要比对别的兄弟姐妹爱得更多。这样的孩子很容易成为自私的人，而且在任何事情上都不会懂得让步。但是如果教会了孩子自己的所处位置，并教育孩子要有努力使父母感动的态度，哪怕只是学会一种方法，孩子也会去想怎样能使爸爸妈妈更高兴。

我儿子在机场接我的时候，计算好飞机着陆花费的时间，刚好按照我到达的时间，买来了一杯温暖的咖啡。因为孩子知道妈妈喜欢咖啡，而且长时间的旅途后，最想要的就是咖啡。这样的心意和努力使我十分感动。我经常称赞这样的儿子，孩子也因为这些称赞而不懈地努力。

最能使人感动的就是这种给予关心的小小努力，这种小小的努力能让孩子懂得关爱他人。为了使别人高兴而牺牲自己的小欲望并努力的话，虽然开始时好像是损失，但是最终一定会得到更多的回报。

1. 礼貌是做一切事情的基础

正确的语气和态度是十几岁孩子要具备的习惯之一。
因此，如果孩子用和朋友们开玩笑时的语气，或用对弟弟妹妹发
火时的语气对父母说话，就应该当场纠正。

教会孩子端正语气和态度的理由

有这样一句话，态度决定一切（Attitude is everything.）。意思就是比起要表达的内容，说话的态度会先传达出来。

“知道了！好了，对不起。现在行了吧？”

“什么？什么？要怎么样？唉，真是叫人恼火。烦人！”

当今孩子对老师、父母使用的话，与和朋友之间说的话没什么差别。不仔细分辨的话，甚至无法区分那是对朋友说的话，还是对父母说的话。说话也和穿衣服一样，要根据对象和情况区分用词、语调和音量。没有人会把运动时穿的运动服，在出门、睡觉和上学的时候还穿着。既然衣服都是根据时间和场合换着穿的，那为什么说话就不能也做到那样呢？

正确的语气和态度是十几岁孩子要具备的习惯之一。因此，如果孩子用和朋友们开玩笑时的语气，或用对弟弟妹妹发火时的语气对父母说话，就应该当场纠正。如同根据场合和要见的人而费心思决定穿什么一样，父母要训练孩子根据情况来选择语气和用词。

在澳大利亚进行的为期三周的语言研修中，老师们在教孩子们英语之前，先教他们基本的生活态度。因为经验告诉这些老师，比起不会英语而出现的问题，因不具有基本的礼仪而产生的问题更多。坐在教室或食堂里时，只有按照来的顺序，从里面开始坐，别人走动时才不会不方便；在自助式就餐时，不能嚼着食物转来转去，而是要吃完了再从座位上起来；往杯子里倒水或果汁时，为了在走着时不会洒出来，应只添加到杯子的70%左右；在食堂里不应甩头发或梳头发；边咀嚼边说话时，要注意别把食物残渣喷出去；端着碗打饭的时候，不能抢在别人前面或插队，而要安静地按照顺序移动；在公共场所绝对不要跑；不随地吐痰；等等。

可能有人会觉得讶异，都是大孩子，为什么还要教他们这些基本的生活礼仪呢？但是实际上，如果你和孩子们一起近距离生活一个月的话，就会发现有很多孩子连基本的守礼意识都没有渗透在头脑里。而且你还会发现，头脑里没有基本守礼意识的孩子和有守礼意识的孩子之间，有很大的差异，即行为、态度和语气都端正的孩子，基本上会很稳重并有自信心。因此，和英语的实力并不相关，这种礼貌能给外国人或其他人留下很好的印象。反之，没礼貌的孩子们如果想试着用平常不熟悉的方式说话和行动，自己就会觉得不舒服，于是便用大嗓门和粗暴行动来掩盖这种不适感。

实际上，到了六年级，当你看到那些显示出散漫和暴力倾向，或者把父母弄得很累的孩子们时，大部分情况下都找不出他们基本的生活态度。他们语气粗暴，拍打别人或扔东西，脱下衣服散放得到处都是，自己的房间也是乱七八糟。由于这样的行为，孩子与父母或朋友间发生纠纷的可能性就会很大。

在孩子青春期之前一定要纠正的行为

不熟悉端正态度和语气的孩子，就像教幼儿园里的小孩一样，父母要从很小的事情开始具体地教育。起初孩子会觉得不舒服，但是过不了几天就会按照所学的去做。当然，有时还是会忘的，但发现后他们自己也会改正。即使老师不点名字说要注意，孩子们也会马上纠正错误的行为。

基本的生活态度变得端正了之后，在研修期间，不管是住在酒店还是大学生宿舍，人们对孩子们的评价就都变得更好了。如果老师们听到了对孩子们的称赞，也一定会转达给他们。“酒店经理称赞说，韩国孩子真的很有礼貌，很不错。很多人也称赞说，不管在哪里都有一些孩子大声吵闹，盛满了食物也不吃就扔掉了，但是韩国孩子不那样。”

那样做的话，孩子们自己也会渐渐地努力向更好的方向改变自己。把运动鞋当拖鞋一样穿的孩子开始好好穿鞋了；曾经喜欢穿很短的衣服的孩子，也想要穿得端庄点儿了；见到老师或大人时，孩子们也会端正地问好，并以端正的姿势坐下。这是因为孩子们想要努力给人留下自己具有端正的态度、行为和语气的印象，同时自己也想变成非常不错的人。

不要过于绝对地说“别那么做”“老老实实地待着”“守点儿规矩”“不要吵”。如果能取而代之地提出应具体怎么做的方法，孩子们就会很容易地适应。与此同时，如果对孩子的变化一有空就称赞的话，好的习惯和态度也会更快一些固定下来。“你还不知道你自己走路的样子和几天前相比变化了很多吧？你起初走路的样子就好像在说：‘我现在心情不好，不要理我，一边去吧。’但是现在却好像看到一个绅士在说：‘我是有自信而且大气的孩子。’”

觉得孩子们讨厌听这些令人起鸡皮疙瘩的话，这只是大人们的错觉。即使是一句单纯的称赞，孩子们也会学着文雅地走路，并系上松开的鞋带。曾经到处乱跑的孩子们，也会开始安静地走路，还会说“老师，我不错吧，我很帅吧”，同时变得对自己很有信心。因此，对孩子显示出的小变化也不要放过，而且要给予称赞。这样的称赞会给孩子植入信任和自信心，使他们能时刻告诉自己向正确的方向前进。

事实上，这些基本的生活训练，一般都是在幼儿园的时候形成的。在幼儿园的时候，孩子们会按照所学的努力去做。他们会好好脱鞋，并放在门口处，也会把衣服和包挂在原位。这种基本的生活态度在到了小学高年级之前（即一直到三年级），如果确切地渗透到孩子的头脑里的话，养育孩子就会变得相当容易。不仅如此，这对接近青春期的孩子在形成自我意识的方面也会有帮助。

在孩子成为中学生并且到了青春期的时候，在他们学会在家里找问题的原因和解决方法之前，孩子只想在家庭之外或朋友之间去寻找所有问题的答案。但是十几岁孩子的不少问题，其实都是在父母能干预并解决的领域中开始的。而且端正的语气和行为作为一切的基础，是在青春期到来之前父母就应该让孩子习得的习惯。

2. 大部头也爱读的读书习惯

我从没见过读书很多的孩子会引发问题。看世界名著或扣人心弦的书时，会独自流眼泪或被刺痛心灵的孩子，不会被行使暴力或折磨他人的低级刺激所熏染。

读书吃力的孩子们

《青春期孩子的纸条》作为一本16页的小册子，里面的内容是25分钟左右就能充分读完的量。这依据的是十几岁孩子的注意力能集中25分钟左右的事实。因此，我们为了使孩子能从头到尾地读完，而选择制作了这种册子。这种形式已经走过了28年，直到现在还在持续。

在这段时间里，世界和以前相比有了更大的发展，孩子们好像也变得更聪明了，同时也接受并处理了更多的信息。但是不久前，在现在孩子们的读书能力问题上，我受到了很大的冲击。那是两个月前，初三的学生们作为志愿者，参与了《青春期孩子的纸条》的发放工作。在结束了3个多小时的工作后，我为这群孩子每人发了一本《青春期孩子的纸条》，并劝他们读一下，却得到了意外的回答。

“这么长怎么读啊？”

“读了也不知道是什么意思。”

这些初三的学生对于一本专为十几岁孩子制作的16页小册子，竟然也觉得读起来太麻烦。这就是习惯网络语言、用零碎的几个单词和表情符号而沟通的时代所展现的可悲自画像。对于好好地写文章和读很长的文字这类事情，孩子们正在远离。还有多少十几岁孩子对于除了教科书和参考书以外的其他厚厚的书，也能坐下来思考并专心致志地阅读的呢？

到了小学四年级以后，用眼睛读到的内容就是可以用头脑去想象的。但是很多孩子说，用被人称颂的世界名著和古典作品来制作的电影，或是简洁地摘要出来的节选书或漫画，在看过之后，也能够知道里面的内容。这样当然也比什么都不知道要好，但是那样吸收的知识不会记得很深。这种方式虽然能知道主人公的名字，但却没有对书的想象或细微的感情浪潮的体会，不能思考作品为什么好、为什么主人公心里会产生矛盾、怎样的场面特别有味道，以及作家想要表达什么，等等。因为这不是读书，最多只能算单纯地阅读参考书并背诵内容而已。

读书是最可靠的人生投资

读书是为了孩子的未来做准备的最可靠投资，是会产生复利的定期储蓄。现实中没有对这个事情持反对意见的父母，只不过实际上的问题是，很多父母说不知道该在何时、该怎样让孩子读书。孩子小时候，父母要刻意地让孩子读童话书，并找来各种各样的书给孩子读。当孩子的学习变得更难一些，并且需要读更加有逻辑的文字时，如果孩子已经到了能消化长文章的时期，父母就更要集中地买对考试有帮助的参考书或习题集。总之，在孩子真正需要读书的时期，父母要给孩子买一些书。

人在十几岁的时候，所播下的读书的种子，会结出果实并成为伴随其一生的力量。我认为夺走孩子“播种”机会的不是学校，而是父母。父母不能使孩子把世间的一切都经历过一遍。因此，为了使孩子能轻易超越有限的生活经验，就应该让他们多读书。不仅要创造可以读书的时间，还要营造出适宜读书的氛围。

如果还不知道该让孩子读什么书的话，那么在孩子的语文教科书中就能很容易地找到目标。语文教科书上的文章，都是专家们根据那个年龄段孩子的需要而严格筛选出的作品。因此，如果劝说孩子去读语文教科书里作家们的其他作品，就几乎不会有出现问题的可能。对于作家没有出现在教科书上的作品，如果让孩子去读的话，当他对作家有了深入的了解后，孩子就会感到那个作家很亲近，也就更容易引发自己对教科书的思考。

因为学校里的书都是以历史、数学或科学为中心而编著的教科书，所以要劝说孩子去读相同主题但更深入的书。我倾向于劝说孩子去读适当难度的专业书籍。因为在这些书里有些是在上课时会学到的知识或相关的内容，所以会劝说孩子去读一下。有这样一份研究结果：读了生硬的报告文学并进行讨论的学生们，其成绩和不那样做的学生们相比，3年以后要提高得多得多。如果单纯地觉得“有意思的就是好的”，并且先是学习通过简单的书或漫画接触的世界史，不管孩子会不会记住名字和地名，都很难学到穿透本质的思考力和洞察力。有深度地读书、有难度地读书，才是核心。

“干吗要那么头疼地读书啊？在网上找的话，需要的内容都会出来……”

如果让孩子读书的话，很多孩子都会这样回答。这时候，如果这样说的话会如何呢？

“网上的摘要或别人整理出来的东西，不就跟你的腿痒了却挠着别人的腿一样吗？不管多么努力地挠，是别人的腿的话，你自己也不会舒服。读书和私下见一个人并聊天是一样的。虽然林肯总统我们现在见不到了，但是如果读他的书，也可以试着去想象他当时是什么想法、做了怎样的决策、国家大概是哪样的。妈妈觉得，读书是世界上用最低价格买到最高智慧的唯一方法。钱或东西随着时间的流逝可能会贬值，但是从书里得到的知识却是谁都抢不走，而且也永远不会消失的，它们会作为你的最大财产留下来。以给人生做储蓄的心情，试着去读书吧。”

爱读书的孩子不会轻易动摇

比一百句话更有效的，是父母树立的榜样，所以请你拿着书并坐下来和孩子一起读吧。一个朋友曾经笑着说，女儿看到她读着厚厚的书，说了这些话：“妈妈这是怎么回事？妈妈不适合读那么厚的书。还是看电视的样子更像妈妈。”

在全家人吃完晚饭之后，不要像往常一样打开电视，而是播放1小时左右的音乐，尝试去制造出各自读书的时间吧。一周只要有3天左右的读书时间，孩子们就可以自然地学会跟书亲近。在饭桌上或厕所里放几本内容轻松的书，也是能灵活运用时间来读书的好方法。在家庭成员之间开展活动，把小奖品发给当月书读得最多的人；或是传阅同一本书，相互分享自己觉得好的部分或想说的部分。这样做会有什么好处呢？孩子就会知道，即使是同一本书，每个人的感触和接收的信息也会是十分不同的。

我从没见过读书很多的孩子会引发问题。看世界名著或扣人心弦的书时，会独自流眼泪或被刺痛心灵的孩子，不会被行使暴力或折磨他人的低级刺激所熏染。每个孩子都有需要填满感性的蓄水池，但只凭借父母的经验或智慧，是不能把那个蓄水池填满水的。这时候，为了不使父母无法填满的蓄水池干涸并露出地面，可以给孩子介绍书目并安排好读书的时间。父母能给予孩子这些帮助就行了。

读书的时间不是那种轻易流走且浪费的时间。尽管读书对考试成绩不一定会有帮助，但是读过很多书的孩子，即使没有拿到理想的考试成绩，或者被同学们孤立，也不会轻易就想到自杀或认为自己不幸。读过《小公主》，对西拉经历的痛苦有同感的孩子，会知道没有永远延续的不幸。这就是读书的力量，这就是孩子的资产。即使父母不去教育，孩子在书中也会明白生存于世的规则，也会看到改变世界的无形的手。

1. 背诵是积累实力的第一阶段

把背诵说得就像是毁灭创新教育的原因一样，
这真是令人痛惜的事情。孩子不背诵基本的公式、英语单词或主
要概念，就无法走向更深入的思考体系。

背诵所意味的东西

“妈妈，这些英语单词好像一辈子也不会用到。一定要背下来这么难的单词吗？”女儿为了美国高中的升学考试而背英语单词时，这样问我。一想到要背下来到现在也没见过、以后好像也不会用到的几千个单词，她就显出有些郁闷的样子。

“因为考试需要，你就背吧。要是背不下来那些单词，你就去不了你想去的大学啊。”

这么回答的话，可能会无法说服孩子。孩子很有可能反驳说：“那还不如不背这些，也不上大学了。”这时如果父母想按照自己的思路分析并尝试说服孩子，那么说背单词和考试意味着什么的话会比较好。

“那样啊。既然那么难的单词在日常生活中完全用不到，为什么这个考试还要凭背诵这些单词的能力来打分呢？何不测试别的能力？在妈妈看来，想进入一流大学的孩子们，都是已经在自己学校里拿到最高成绩的孩子们。数万名的孩子应该都会同样地收到A等的成绩单。但是因为每个学校的评价基准不同，只是单纯地凭借学校成绩和推荐信，很难进行客观评价，所以才要进行这个考试的。但是这个考试却要测试用不到的单词和没听过也没见过的单词，为什么呢？准确地说，这个考试与其说是考查学生知道多少个单词的考试，不如说是要考查一种别的东西。妈妈觉得那种东西就是‘努力的姿态’，即那种为了背陌生单词而坐在书桌旁专心致志的姿态。在固定时间里，对于背单词这样单纯烦琐的事情，要是有专心致志去做好的力量，那么对待创意性的问题，就算是几小时或几天，也一定能够专心致志地去做，直到找到答案为止。把创意性的问题抛给十几岁孩子的话，究竟会涌现出多少创意性的想法呢？很多工作需要能在几天里抓住无法解决的问题的核心并与之做斗争，对于最终是否能具有这样的耐力和持久力，是不是可以用背这些单词所需要的集中注意力的能力和耐力来判断呢？所以你要证明你有这种力量。对于创意性的问题或想法，是否有直到最后都会咬住不放松的韧劲、志气以及集中力，答案通过这次考试就会得到揭晓。对于为什么要背单词，我已经解释得很清楚了吧？”

听过我的解释后，孩子二话不说就背了那些英语单词，并得到了高分。根据对孩子说明方式的不同，孩子对相同事情的态度也会有所改变。于是背数学公式或科学法则，也就不是麻烦、没意思又讨厌的事了，而会变成值得尝试、可以挑战，以及能够证明自己的事。那样的话，孩子们也就会欣然地去挑战。为孩子找出这种意义，正是父母所应该起到的作用。

心劲很快就会变为实力

我们常以为，想进入一流的大学，需要有闪闪发光的创意和智慧，并且相信这不是通过单一乏味的重复背诵或学习知识得到的，而是在更戏剧性、更自由且不寻常的环境中得到的。我们还认为，成功不是每天几小时坐在书桌旁学习知识，并背一堆单词就可以获得的，而是在尽情施展才华的时间里所诞生的。

但事实上，老老实实地坐着，集中注意力并记忆知识的训练，才是成为有实力者应该踏上的第一个台阶。对单一反复的事情能不断地做好并坚持的这种力量，很快就会变成实力。人们常说，学习不光是靠头脑，而且要靠能在椅子上坐得住的屁股。意思就是说，那种专心致志、咬住不放的韧劲，同样会给实力带来直接的影响。回顾以前我作为教师的经验，结论也是如此。我见过很多智商远远高于平均水平，却连普通成绩都没拿到的孩子；也见过用普通的头脑也能拿到出色成绩的孩子。其中区分两者的基准就是“韧劲”。不急不忙，对交给自己的学习任务能踏实地做，像这样如黄牛般坚毅的孩子，最终会在学习中取胜。

把背诵能力说得就像是毁灭创新教育的原因一样，这真是令人痛惜的事情。孩子不背诵基本的公式、英语单词或主要概念，就无法走向更深入的思考体系。对所有的学问而言，光是在那个领域使用的专业术语就有几千个。没有对这些专业术语的理解或熟记，是无法具有很高实力的。很久以前祖先们说“读书百遍，其义自见”的话，就是这个道理。反复读上一百次的话，就能熟记了。而在熟记的瞬间，曾经茫然的概念也会确切地占据于脑海之中。

没有哪位钢琴家在看了一次乐谱后，晃几下头、弹几下手指，然后闭着眼睛坐在钢琴前就能自如地弹奏出来。成功的钢琴家会每天把身体捆绑在琴凳上，直到头昏眼花，把音符看成鸡蛋一样大，并且绝望得想切掉不能按意愿动弹的手指，但还是在坚持练习演奏。

不管是学习还是演奏，如果每天都能忍受单一反复的事情几小时，那么通过那段忍耐的经历，就会形成真正的实力。人生的很多机会就是这样得来的。

2. 有规律地生活和学习的方法

如果能确保每天几小时的学习时间，那么对于学习的量，
孩子自己就能预测。这样孩子对学习就不会感到焦虑，还会坚持
不懈地学习，从而使学习变得更容易、更愉快。

有规律地去学，就会变得容易

在澳大利亚的时候，我曾经施行过一个项目。项目内容很简单：以6个月为单位来签合同，合同里面有几种生活模式。从到达的第一天起，6个月里每天都要学习到固定的时间；从学校回家的时间只允许有15分钟的误差；回家之后，就要睡1小时午觉，这样不仅能补充不足的睡眠，而且能缓解在学校受到的压力，并提高学习到深夜时的注意力。虽然看起来严格，但是我跟孩子们约定说，如果他们能遵守合同条件的话，我就能让他们的英语水平提高到理想的程度，并让他们转入贵族学校。

到了初一之后，孩子们就能够按照这个时间表来形成学习习惯了。而且在澳大利亚生活的14年里，我一共帮助了十几名孩子，使他们能够有规律地学习。

我带的孩子里，有一个喜欢和朋友们打群架，一天抽三包香烟，并且在学校的出勤率还不到1/3的男孩。他之前在高中里被各种规定束缚着，甚至连字母都不太认识。但是那个孩子对我要求的生活规则却忠实地执行着，还不到一个月，他就往韩国打电话说：“爸爸，英语有意思，学习也有意思。”孩子的爸爸几乎无法相信，直接飞到了澳大利亚，却看到了一个月没见的儿子正在熬夜学习英语。这个孩子现在已经硕士毕业，并且在韩国一家大公司上班。

规律的生活意味着能够确保规律的学习时间。如果能确保每天几小时的学习时间，那么对于学习的量，孩子自己就能预测。孩子讨厌作业或复习，还容易觉得累，往往就是因为不知道到底还要学习多少东西。因为茫然，便会觉得很累，并且想要逃避。但是如果知道作业用一天就能完成，以及做到什么程度会更有条理的话，孩子就能够冷静地学习。而且如果能一次完成所有任务，下次学习时就会舒服多了。这样孩子对学习就不会焦急，而且会坚持不懈地学习，而学习也就变得更容易、更愉快了。

人的心如果接受了，身体也会跟着适应，再往后身体就会先于心理知道该去做什么。身体是不会说谎的，所以会按照主人的训练而行动。我们的身体比想象中更容易适应，并会好好坚持下去。所以问题不是在于身体，而是在于容易疲倦并发牢骚的心。如果心发牢骚的话，身体就不知道应该怎么行动。学习也是一样，如果用规律的生活抓住了心，身体也就会行动起来并主动学习。

能够规律地学习的话，学习也就会变得更容易。应该让孩子们直接尝试去体验这些，因为孩子们往往会觉得学习是迫不得已的、是应付考试的。

鼓励孩子规律学习的话语

“今天要早点儿睡吗？”

“考试结束了，作业也没有。”

“好吧，那除了作业，没有其他需要学的了吗？”

“倒也有。怎么了？一定要现在做吗？”

“你知道吗？成功者有成功者自己的模式，失败者也有失败者自己的模式。这是妈妈在书里看到的，很有趣。”

“怎样的模式呢？那些和我没什么关系啊。我会按照自己的方式去学习。”

“好，说按你的方式去学习也好。但是能说一下你的方式是怎样的吗？你是说作业堆成一堆的话，就做到很晚；有考试的话，就熬夜准备；考试后的几天就放肆地玩，是吧？”

“那也比干脆什么都不做的孩子们强啊。那样的孩子也很多。”

“是啊。看到你做作业到很晚，而且考试时还要熬夜复习的样子，妈妈既觉得满意，又感到遗憾。”

“为什么遗憾呢？要是只说满意的话，还可以理解。”

“因为如果能形成规律地学习和休息的模式，即使是比现在少努力一些，也应该会得到更好的结果。”

“被规则拴着生活太没意思了，很烦人的。”

“但是对于重要的事情，如果没有规则的话，不重要的事情就会在其中浪费你的宝贵时间，虽然不重要的事往往更有趣一些。所以每次考试的前一天，你都会身体透支。不管以往你是怎么学习的，一旦形成了固定模式的规律性习惯，你就更容易集中精力去学习。那是妈妈经历过才知道的。如果能有规律地学习，对学习的不必要恐惧也会消除。而且害怕学习，就必然会失败。”

“我会这样去做的。你是说让我自主学习吧？”

“所谓主导性的自律学习，不就是指你的学习时间由你自己来安排并分配吗？”

“知道了，周末我会制订一个计划表的。”

“好啊，你要制订的话，那就把和妈妈相处的时间、玩游戏的时间和运动时间也加进去吧。”

当然，劝说孩子有规律地学习的同时，也要有一些能够拒绝孩子的理由。

“那种方式的学习不是我的风格，只有自由地学习，我才能做得更好。”

“即使不用每天坚持学习，到了需要的时候，我照样驾驭得了。”

但是那么做，就绝对赢不了每天都坚持不懈地学习的孩子。这些不过是孩子因为讨厌养成学习习惯而进行的狡辩。

学习是一种习惯。如果能每天都坚持在固定时间、固定地点有规律地学习，并且把这当成自然的习惯，就更好了。那样的话，孩子就会希望父母不要制订计划表，不要让自己一整天都只是学习。固定的学习时间结束后一两小时左右的时间里，孩子就会想去做自己喜欢的事。规则能使人行动，但是如果只是强调规则的话，在某个瞬间孩子可能就会反抗说：“真讨厌！”所以父母要常常去赞美遵守规则所能得到的益处。最终能使身体去行动的，就是人的心。

遵守固定学习时间的规则不应有例外，但是要告诉孩子，父母对于别的事却可以做出让步，而且对孩子的心和生活是真正地倾注着关心的。每当有时间，父母可以和孩子分享人们在自己的领域成功的故事，并且一起看关注的电影，或一起看书，这样就能走进孩子的内心。

如果想让孩子有规律地学习的话，父母就要根据孩子的模式而调整生活节奏。在我们家，常常是到了夜晚，我还和孩子在同一个空间里做事，直到孩子结束学习。如果没什么事要做的话，我也会看看书，几乎没有只是让孩子们进书房去学习的情况。因为如果父母回屋睡觉或看着电视，却对孩子说“好好学习，然后去睡觉”，孩子只会理解成“你也睡吧”，或者“你也看电视吧”。

3. 自由地说话并提问的习惯

要从孩子小时候起，教育他们有想知道的东西就要毫不犹豫地问，而且不管是怎样的事，都要能理直气壮地说出自己的意见。知道了提问不是体现自己无知的事情，而是对某种事物或知识表现出好奇心的方法后，孩子们就会主动制造提问的机会。

对提问感到陌生的韩国孩子们

在美国大学，有一个男生从一年级的第一节课就开始提问。但是那些问题是非常基础的水平，只要是大学生就都应该知道。起初还能认真回答的教授们，在提问一直持续的情况下，也会渐渐对这个学生感到不耐烦。即使是那样，这个学生也不停止，并一直提问。到了二年级依旧是这样，弄得这件事传遍了整个学校。教授们每次在校园里见到那个男生，都会转身往回走。

但是这个男生到了四年级后，提的问题就再也不是幼稚的水平了。现在不管是哪个教授，都会欣然地接受这个学生的提问。在此期间，他的知识水平有了很大的进步，并能够和教授们进行有深度的讨论。对不知道的东西不感到害羞，而不断提问的这个学生，最终以比别人高出很多的分数从大学毕业了。

我们从小时候起就开始接受一种观念：对大人的话不要擅加评论，

而是要乖乖地听取。所以，韩国的孩子即使是有想要问的，也会习惯于忍着，一直到自然地明白，或是问题自然消失的时候。提问有时甚至会被看成是傲慢无礼或装模作样的举动。不是孩子不习惯于提问，而是他们觉得对某种问题表达自己的意见或想法会显得不熟练。所以，如果被问到“你的想法是怎样的”，孩子们很容易就会惊慌。

在澳大利亚学习的韩国留学生们，也包括我，觉得最难应付的事情就是教授询问意见式的提问。

“你有什么看法？”（What is your opinion？）

在澳大利亚的教室里，教授常常会这样问：“你的看法是怎样的？”而且不管是多么荒唐的回答，也绝对不会被指责或嘲笑。通过这个过程，自己也会知道每个人想法不同，也不会有固定的答案。实际上，如果各自的意见都有确切依据的话，完全不同的两个答案也会得到相同的分数。韩国学生们花费了相当久的时间去熟悉澳大利亚的这种教育体系。

无法站在别人面前的消极的孩子

要从孩子小时候起，教育他们有想知道的东西就要毫不犹豫地问，而且不管是怎样的事，都要能理直气壮地说出自己的意见。知道了提问不是体现自己无知的事情，而是对某种事物或知识表现出好奇心的方法后，孩子们就会主动制造提问的机会。即使孩子们的提问多少有些勉强，父母也要称赞并认真地回答。因为不管怎样，孩子们能自己提问了，这就是一个了不起的进步。

万一孩子不喜欢提问的话，父母就要主动问孩子的意见：“对这个问题，你怎么看？”同时还要训练孩子。父母应该引导孩子，使孩子在任何时候都能自由地说出自己的想法。这时不能因为孩子的答案和父母想的不一样，就说孩子错了。即使孩子的回答没达到父母的期待或很出乎意料，但只要通过那个回答能知道孩子的想法，那也是很大的收获了。

还有个方法就是，拜托孩子去网上寻找想知道的事实。“妈妈突然对英国的国旗很好奇。你能说明一下隐藏于其中的意义吗？”通过这种意图性的提问，既能引发孩子的好奇心，又能让孩子共同参与到提问中。

激励孩子提问吧

在和孩子对话时所问的问题中，最坏的就是那些显示父母很有知识，并暴露孩子的无知，使孩子的自尊心受到伤害的问题。

初一的儿子坐在车里，突然听到了爸爸的提问。

“‘restaurant’的拼写是什么？”

“那是r……”

“不是r-e-s-t-a-u-r-a-n-t嘛。你作为中学生连这个都不知道？爸爸几十年没学英语了，也知道这个。你这么不争气，所以我额头的皱纹只会增多。那‘皱纹’用英语怎么说啊？”

孩子默默地低下头，爸爸又得意扬扬地说起了“皱纹”该怎么拼写。

“这种单词都记得住，我的头脑真好啊。我当初要是好好学习的话……”

偶然地同乘一辆车，我听到了这样的对话，真的很尴尬。父亲在别人面前无情地践踏了儿子的自尊之后，怎样才能治愈孩子的心灵创伤呢？虽然这已经是20年前的事情了，但是当时那个情景还历历在目。那个父亲在每件事上都不断地碾碎着孩子的自尊心，可越是那样，孩子和父亲之间就越会有隔阂。最终，孩子直到结婚时也没与父亲和解。

孩子在为了回答父母的提问而选择语句或者述说自己想法的过程中，父母不要提醒孩子说得结结巴巴，或因为说得很模糊就指责孩子。

“哇，你是那么想的啊？妈妈就没想到那些。你的想法真的很奇特啊。”

“和爸爸的想法不一样啊。每个人的想法都不一样。这种想法也不错。”

这些话会在孩子的心里成为美丽的种子，并发育出思考的幼芽。孩子回答的时候，如果称赞孩子“那样啊，你是那样想的啊”“真是很奇特啊”“真的很不一样”“真特别啊”，孩子便会产生这样的认识，觉得自己的想法很特别。

对孩子提问是为了努力训练他们说出想法，而不只是为了教会正确答案。有很多的问题，其实并没有答案，这就是人生。不，每个人都以不同的答案而活，才是人生。能自由地说出自己的意见并提问的孩子，会自然地知道人们相互间有不同意见的事实，因此不会完全排斥和自己不一样的人。

4. 为孩子努力学习感到自豪

虽然排名和成绩也很重要，但是尽了自己最大努力，无论结果如何，都能够正视自己，并给周围人带来感动的孩子，有朝一日也一定会成为第一名。

成绩上不去而想轻易放弃的孩子

“如果期中考试成绩提高的话，我就给你买智能手机。”

遵守了和妈妈的约定，孩子最终得到了作为礼物的智能手机。因为家里没有电脑，也搜索不到wifi，所以每天晚上孩子都拿着智能手机去自习室。看到孩子总是学习到凌晨2点才回家，父母觉得很高兴。但是当拿到期末考试成绩单，看到孩子成绩直线下降后，父母觉得很惊讶。每天学到很晚的孩子身上是发生了什么事吗？罪魁祸首正是智能手机。

“都说了我只是回复朋友们发的短信。难道妈妈希望我只是学习，忽略朋友们发的短信，然后在学校受到孤立吗？我虽然发着短信，但该学的也都学了啊。我每天都学到凌晨2点呢。”

妈妈觉得智能手机是导致成绩下降的原因，刚指出问题，孩子就辩解说绝对不是那样，智能手机没有妨碍到学习。但是问题就在这里，发着短信，分散了时间、精力和注意力，所以成绩还是原地不动。即使努力，成绩也总是处于原位。不，是有些科目的成绩反而下降了。再这样下去，下次考试的排名也是显而易见的。

“看来我就算努力学习也不行。真是讨厌学习，上学也没有意思。”

这样孩子就会放手不去学习了。稍微好些的情况，孩子会说：“不知道为什么要学这些。还不如不上学，做自己想做的事而活呢。”并装作认真地讨论自己人生的样子。孩子这样说的话，很多父母都会在关于学习的争论上做出让步。但是就算孩子说了这样违背常理的话，对于上不去的成绩，他们自己心里其实也是充满了担心的。

如果想要提高成绩的话，有几点需要改变：如果来了短信就马上回复、在facebook上也及时回复留言、成为话题的电视节目也要看，这样的人绝对得不到想要的成绩。想要提高成绩，就要下决心去承受朋友们的“总不回短信”的脸色，并且要有心理准备，面对一些可能会听到的很离谱的指责。不付出这种努力和代价，就绝对提高不了成绩，而且也绝对赢不了别人。

有一个男生，从学校回来后校服也不脱，就把自己“捆”在椅子上，直到完成当天要做的作业为止。当然，并不是说那样就能拿到第一名。但是那个学生努力的心和学习的态度，与第一名相比更有价值。因为虽然排名和成绩也很重要，但是凭借这种对学习的责任和态度，已经具有了超过第一名的实力。尽了自己最大努力，无论结果如何，都能够正视自己，并给周围人带来感动的学生，有朝一日也一定会成为第一名。

以“胜利者的心态”去努力

谷歌总裁埃里克·施密特曾来到首尔POSCO中心，在那里偶然间留下了下面的字句，并一度在网络上成为了话题。

“赢并不是全部，但重要的是想赢。”

（“Winning isn’t everything, but wanting to win is.”）

想要赢的人、想得第一的人，在学习的时候，心里也会怀着美好愿望而努力。这种人的想法和行动，以及所有的关注，都会倾注于胜利的方向。想象着成功后的样子，同时为了得到想要的结果而努力，孩子就会对自己此时所做的感到自豪。

出现难以理解也难以解决的问题时，说“学习不是我的兴趣”的人会跳过这个问题，或者适当地无视它，就那样过去；但是想要赢的人会仔细地研究所有问题，并且不管怎样都会努力地想要去理解，因为这样的人有着一个问题也不能放过的心态。想要赢的人会以胜利者的心态努力。因此，虽然赢不是全部，但是想赢无论在何时都是重要的。

1. 该和谁成为好朋友

虽然谁才适合与孩子做朋友很重要，但是无论和谁做朋友孩子都能健康成长，也很重要。

“别和坏朋友玩”这句话一点儿用也没有

在10年前，《青春期孩子的纸条》里普遍存在的朋友之间的问题是很单纯的。

“和朋友争吵了，不知道要怎么和好。”

“没有知心朋友，所以很孤单。”

“朋友有困难，但却不知道该怎么帮忙。”

但是现在多是取笑朋友或是受到折磨的内容。当今的孩子们也不奢求能有坦诚相待的真正朋友了：仅仅在网络上互相聊几句话，觉得只要在短信游戏中不会遭受到同龄孩子的孤立就行了。不知不觉间，朋友成了欺负自己的人，自己是可以受欺负的人；或者朋友成了无视自己的人，而自己是可以被无视的人。因为在这段时间里，父母只是热衷于收集并分析提高成绩的方法或升学信息，但是对于解决人际关系问题或人们之间发生的问题的方法，却没有教给孩子。

“你没有值得交的朋友了吗？跟那种孩子以朋友相称？古话真是一点

儿没错——物以类聚，人以群分。”

“你只跟那些比你学习差，又没什么特长的孩子交往，就不会有竞争意识。跟哪怕有一点儿比你强的孩子交往试试看吧，那样才能有所收获。”

“那个孩子的家是多少平方米？为什么那孩子看起来那么邋里邋遢的？”

“妈妈不喜欢那种自私的孩子。那样性格的人只有在自己有需要的时候才对朋友好，自己心情不好的话就会装作不认识。小心别无缘无故被他利用了。”

父母在孩子面前判断孩子的朋友时，很容易说出这些话。但是，说“坏朋友”这样的话，不会给孩子带来任何影响。原因是，对于孩子来说，没有坏朋友的概念。父母和老师再怎么让他不要和坏朋友交往，孩子要是真喜欢的话，也绝不会认为那个朋友不好，反而会跟父母撒谎，并继续和那个朋友交往。父母害怕孩子学那个朋友的缺点，这样费心是理所当然的，但是因为害怕孩子和朋友变得一样就无条件反对，这不过是大人的自私判断。不仅如此，这还会让孩子产生对别人不必要的敌对情绪，从而起到反作用。

如果孩子想要和某些人结为好友的话

相比之下，白布比其他颜色的布更容易被染色，但也有些任凭怎样混洗都不会被染色的布。这正如小孩交朋友一样。当然，自己孩子的玩伴是什么样的人的确很重要，但观察自己孩子是否和不同的人成为朋友后都能保护好自己并健康成长，也很重要。“我们家孩子真的很善良，学习又好，但到了中学和坏孩子们玩在一起后就变坏了。”

问题子女的父母常常说此类话。父母从来不想自己的孩子也会成为别人的坏朋友，所以父母一般都会对孩子说要和好的朋友在一起，但却从来不说“你不能做别人的坏朋友，要做别人的好朋友”。父母阻止孩子交往自己不满意的朋友，对孩子来说没有多大效果。通常这时候“你要成为他的好朋友”这种话反而会更加有效果，也容易改变孩子的观点。

一般情况下，孩子如果看到父母不喜欢自己的朋友，心里会想父母也不满意自己。就拿孩子抽烟的问题来说，与其直接说“不要和那种抽烟的孩子接触，他们会带坏你”，还不如说“你要做他的好朋友，起码要让他跟你在一起时少抽或不抽烟。作为一个好的朋友可以给予他人很多好的机会”。当然，如果你想成为这种父母，就要先把自己的孩子培养成一个坚强的人。

父母经常对孩子说：“要和好孩子做朋友，那样才会有竞争力，成绩才会上升。这样下去至少有一件事是可以做好的。”如果把这句话以反向思维的方式想一下：自己的孩子是否真的能因好朋友而成为好孩子?

交朋友要是以竞争或比较为目的，那就不是好朋友，而是竞争者。朋友的关系应该是往同样的方向前进，就像相互说秘密一样，把自己的秘密毫无保留地告诉对方，献出最真实的自己，同时也能得到对方的信赖，这才是好的。如果仅为了父母的野心而让孩子变成竞争者的话，那只会让孩子丧失最真实的自己。

2. 异性间交往最好尽量推迟

十几岁孩子的异性间交往，就如同连接性冲动的定时炸弹，爆炸只是时间问题。我对十几岁孩子的异性交往持反对票，也是基于这样的缘由。

推迟孩子异性间交往的理由

有一位母亲，从中学二年级的女儿那里听说她打算与同班的男学生交往，并交换戒指。该母亲担心地告诫女儿：“异性间交往没什么问题，但是不要有肌肤之亲。”但是该母亲未曾想到，在公布这件事之前，女儿就已经与该男孩有了挽臂牵手的亲密接触了。这就是当下孩子的真实写照。

父母那一代关于异性间交往的概念，与孩子们的概念是不同的。有些中学一年级的男学生会对有女友的朋友这样说：

“都交往10天了，还没接过吻？”

即使是对于子女的异性交往持宽容态度的父母，在知道了孩子和异性朋友有了怎样的行为之后，也绝对不会再允许子女有异性交往。

十几岁孩子的异性间交往，就如同连接性冲动的定时炸弹，爆炸只是时间问题。我对十几岁孩子的异性交往持反对票，也是基于这样的缘由。越是吹嘘和喜欢的异性在一起也能抑制或控制性冲动的人，就越是危险。能抑制性冲动的十几岁的孩子是根本不存在的。

一定要对异性交往中的孩子说的话

如果子女还没有开始异性间交往，可能的话父母就应指引其推迟异性间交往。如果孩子有开始异性间交往的意愿，作为父母，对于比较担心的方面一开始就要确切地加以说明。眼看着子女和异性交往的父母都有两大担心：第一，肌肤之亲诱发的性冲动如何自我控制？第二，由于交了异性朋友，学习的时候注意力不集中导致成绩下滑怎么办？

女孩子若有了异性朋友，关于这两个担心一定要首先说明。“你有了感觉很特别的异性，我应该要祝贺。你对他的感情是美丽和宝贵的。特别是在你这样十几岁的时候，感情因不掺杂任何算计而更纯真，也更美丽。但是纯真这东西同样也很容易让你受伤。不要期待因为你的纯真和诚恳，你的朋友就会像你一样纯真和诚恳，那是因人而异的。感情的表达方法各有不同，感知的方法也不一样。所以在某个你没有预料到的瞬间，心里可能就会受伤，还会因那个人感到无法想象的心痛。开心的瞬间也许会有很多，但是类似于没有理由的不安和发火这等无聊的事也会随之而来。感情的旋涡会突然间暴发，在某个瞬间又像风一样消失，你一个人会感到心里很乱。不是说你或者他有哪里做错了，只是这种无法拥有完整经历的令人激动的感情，有时候会有要变化的意思。”

“不是感情变了，是因为感情需要肌肤之亲。你虽然没准备好，但你的异性朋友有可能会想抱你，或是想牵手、想接吻。因此，你拒绝或是踌躇不前时，他就可能说着让你受伤的话离开。说了怀疑你的话会使你内心混乱，这样的事情你绝对想象不到会在哪个瞬间发生。当然，也有可能不会发生。妈妈只是想说，即使那样的时刻到来，你也不要太惊慌失措，要明智地保持自己的立场。还有，在那样混乱的时刻，相比于别的朋友，你如果能首先将心事告诉妈妈，那是最好的。”

这样给孩子说明的话，孩子以后在需要的时候即便犹豫，也会向妈妈寻求帮助。

再者，比起十几岁的时候与异性交往，更应该做的事情，就是好好学习和处理与朋友间的友情。但是当有心仪的异性出现，无论什么时候，孩子将心事与妈妈分享就好了，妈妈不要忘记打开心门自然地对话。如果平时经常看见父母对自己与异性交往无条件反对的态度，即使有了异性朋友，孩子也会瞒着父母。父母过分的反对和大声斥责，反而会将孩子驱赶至使内心受伤害的地方。

无条件反对引发的负面效果

在知道孩子与异性交往的事后，有的父母会无条件反对，一边追问“这么小就和异性交往真是说不过去，而且你还什么都不懂，就想和异性交往吗”，一边对对方或者对方的父母毫不犹豫地进行人格上的攻击。

父母对自己孩子的期待越大，越会把事情搞糟。看着父母这样的反应，孩子们会怎么做?

即便因为父母的极力反对表面上放弃了交往，一个十几岁的孩子也不会真的与交往中的异性分手。“我妈妈说不要我再和你见面，也不让我恋爱，只能学习。她说我以后考上了大学、成年了，会遇到更好的异性。”

父母让孩子对异性对象这样说，并期待着孩子这样分手，但孩子却会做出相反的行为。“目前我们应该小心才是。妈妈知道了我们的事，不知道心里有多乱。我对妈妈说以后不会再和你见面了，因此从现在开始我们可得注意，不能再被发现啦。”

孩子们只是改变了见面的方法，但并不会因父母的反对就停止和异性交往。

如果孩子在和异性交往，对于是在怎样交往，父母最好要怀有关心并留有余地地问“去了哪里”“说什么话了”“送什么礼物了，为什么选择那个”“肌肤之亲到什么程度了”，等等。虽然父母对孩子的肌肤之亲会感到很不自然，但孩子本人却觉得很自然，因此不要对其持绝对否定的说法。一定要将父母对肌肤之亲所能接受的程度、男女相互的性冲动，还有大家不愿意看到的怀孕的后果告诉孩子们，并且尤其要将因无法自我调节的性冲动而引发的各种事情，明确地告诉给孩子们。

“你对某个异性有爱情的感觉，想对他好，想和他在一起，经常给予其优先权，想照顾他，这些容易理解。但是对于你和他的肌肤之亲，你负得起责任吗？负责的话，能负责到哪里？负责任的方法都有什么？为了那份责任你能欣然牺牲一切吗？”

也要教导孩子对性行为负怎样的责任。

“我们只是互相喜欢不行吗？只是因为喜欢而认可，不可以吗？”对于有这样疑问的孩子，一定要告诉他们：人类所谓的感情是多么容易变化，多么容易崩溃；对异性朋友的变心须做好受伤的准备。而孩子自己也可能不由自主地讨厌该异性，这点也要告诉他。父母还要明确告诉孩子，两个人的感情有纠葛，或是思想上有其他问题而伤心的时候，与其向朋友寻求帮助，不如先与妈妈说。

另外还要告诉孩子，朋友虽然能和你感同身受，但对于帮助你解决问题来说，朋友会经常找不到头绪。

对于十几岁孩子们形形色色的好奇心，父母们一方面说那是人性本能和自然的东西，一方面却疏忽和忘记了对其的教育责任。越是本能和自然的东西，越需要控制，使其符合社会规律，不对别人造成伤害，否则不知道会有多少麻烦，还可能引起恶劣问题，这也是我们要知道的。其实也不是说本能的欲望越旺盛越好，而是越本能和自然的欲望，往往越需要加大控制和节制的力度，只有这样才能完成美丽的升华。

Chapter 5
父母可以改变孩子

在很多时候，我都会为当今的父母们感到难过和可惜。对于孩子的问题，父母们往往不知道该怎么处理，并会感到不安，或是认为没受过训练的孩子的态度和行为，只是青春期的症状，就那么轻易地放过去了。如今十几岁孩子的问题，即使看起来再复杂，解决的方法其实也是很简单的，那就是和孩子对话。

1. 动不动就神经质、发脾气的孩子

不管是孩子还是大人，不发脾气都是不可能的。孩子有时也会发神经，但是作为父母要告诉孩子该如何控制心中的怒火。

控制心中怒火的方法

孩子第一次对父母用掺杂火气的语气说话或大喊时，父母也不知道孩子什么程度的发火是可以接受的，所以可能就不会在意。但是孩子对父母发神经要脾气，被纵容过一两次后，就算对没什么大不了的事，也会随意用相同的方式表达自己的情绪。

有时候，妈妈为了纠正孩子的坏习惯而对孩子说：“为什么这样的小事也对妈妈发火要脾气啊？”孩子就会说：“那又怎么了？妈妈生气的话不也会这样吗？你为什么一直以来什么也没说，今天突然这样问呢？妈妈是有什么心情不好的事吗？”就这样反而把矛头转向了妈妈，同时还使妈妈错过了教育孩子的好时机。由于彼此都习惯了生气就发脾气，所以妈妈的话会被孩子认为是一种干涉。

不管是孩子还是大人，不发脾气都是不可能的。孩子有时也会发神经，但是作为父母要告诉孩子该如何控制心中的怒火。如果一个人很容易发火的话，即使是可以好好说的话，也会无端地大喊，可能还会以更强烈的方式表达。因为他会觉得好像只有那样做，自己的意思才能够更好地表达，并产生一种胜利的满足感。

目光对视后用对话来解决

家里有个正值青春期的孩子的父母，经常会诉苦说：“我的女儿是个‘暴躁女’。爸爸妈妈只要对她说了什么纠正的话，她就会突然大喊。”一旦孩子说“我又怎么了”并开始顶撞时，对话就会戛然而止。父母只能说：“知道了，你能耐。唉，这个东西……”同时忍着并转过身，就那样错失了纠正孩子的时机。但是，对孩子粗暴而过分的答话，父母绝对不能就那样放过。

“什么怎么了？你刚才的语言和行动，看起来都是对妈妈挑衅的态度。你是想和妈妈吵一架呢，还是想打妈妈一下？你为什么会心情不好到难以控制的地步？大声喊出来后心情就好些了吗？”

“啊！我也不知道。”

“那这么说你是不自觉地就大喊了啊。但是大喊之后心情更不好了吧？就好像真的有过心情不好的事情一样，对吧？人们本来就是那样。据说大喊大叫或者骂人、说了不好的话之后，人的心情会变得更坏。所以自己先消消气，然后试着用平静的心情谈谈，怎么样？还是现在就和妈妈打一架？妈妈不管怎样都没关系。”

“都说了不知道！不想说话。”

“好吧，那你能说一下，你觉得妈妈看到你大喊的样子会有怎样的想法吗？”

在与孩子开始谈话的时候，有几个准备事项。首先，彼此的目光要对视。如果孩子坐着而妈妈站着，或者相反孩子站着而妈妈坐着，彼此的目光不能对视的话，之后的谈话是无法顺利进行的。其次，最好尽可能地把家里的电话和手机都关掉。这代表你和孩子的谈话是最重要的事情，要防止其他干扰。最后，简单地劝孩子吃些喜欢的东西，如可可茶或其他饮料、饼干等。这之后，就要像大人们在咖啡厅里聊天一样面对面坐下，眼睛对视着聊天。

“有些事情或者状况有可能不是那么称心。有时事情可能与你理想中的发展状态恰恰相反，有时则会碰到曾经一直想避开却又避不开的问题。那时，你心中的愤怒爆发，或者只是觉得‘这种状况真讨厌’是没关系的。但是，用带有这种想法的话或者行动来表达则是不同的。想法本身虽然不是错的，但把愤怒用语言或者行动表达出来，给别人带来伤害，那么从那一刻起，你的脾气就变成错的啦。在愤怒或者脾气涌出来之前，你只要先想一下‘我现在说的话，妈妈或者别人听了会是怎么样的心情’，想说的话就会暂时画上休止符。虽然好像只是小事，但这却会成为使你的情绪、想法以及语言得到训练的机会。就像煮汤的时候，快要溢出来的一瞬间打开汤锅盖子，沸腾的水就会慢慢地平复一样。

“内心如果产生了负面的情绪，不要用语言或者行动来表达，就那样咕嘟一下再咽下去试试。吹吹口哨或者想想有趣的话语也会很有效果。把不好的感情咕嘟一下咽下以后，之前心情不好的理由也就会忘了，大部分小的伤痛都会自然而然地愈合。这样妈妈也就不会受伤，你对妈妈也会少一些愧疚了，不是吗？虽然不太容易，你也试试看吧。”

指责孩子的错误时，不能超过5分钟。要注意的是，父母不能仅仅按照自己的想法就把对话拖太长。对话期间要问问孩子的想法和意见，让孩子参与到谈话中。与此同时，“妈妈听了那种话会生气的，你是怎么想的”“你难道也希望妈妈有那样的感觉吗”，用这样的话对孩子的想法给予确认，让孩子明白，自己无心吐露的话或者行动会给对方传达出别的意思。

不能要求孩子无条件地忍住愤怒或者脾气，这并不现实，但要告诉他们对于过于急切的、简单的、不经心的愤怒或者发脾气的行为，是必须要自我克制的。那样的行动和语言不仅会给对方带来伤害，而且并不能说服别人，也不能让自己得到想拥有的东西。父母要让孩子知道这一事实。

2. 嘴上说“我会看着办”的孩子

给孩子自律权，并要求孩子自主学习是好的。但是父母要清楚一个事实，如果有机会不学习而可以做别的事情，所有的孩子都会连一秒也不犹豫地跑去做其他事。

“我会看着办”这句话的含义

在老师或者父母面前说“我不喜欢做”的孩子反而很好管理，因为可以给他解释必须要做的理由。问题是，前边明明放下话说“知道了，我会做的”“我自己也能做好的”“我的事情我自己会看着办的”，却不按时完成的孩子，一开始会说忘了做，以后则会说“啊，那件事情没做呢，不做也可以”，或者以“我不会那样做”的理论来逃避。如果从孩子小时候起父母就只提要求，而不去确认孩子具体完成了多少，孩子就很容易形成这种习惯。

当妈妈问“留的作业都做完了吗”“学校的作业都完成了吗”“考试的准备都做好了吗”，孩子回答“正在做”“我自己会看着做的”的时候，说不定妈妈就真的放过检查孩子了。但孩子说自己会看着办的意思往往就是要等到自己有想做的想法时才做，结果却是根本不会做那件事。

给孩子自律权，并要求孩子自主学习是好的。但是父母要清楚一个事实，如果有机会不学习而可以做别的事情，所有的孩子都会连一秒也不犹豫地跑去做其他事。

教给孩子管理时间的方法

为了让孩子能够自己把要做的事情做好，父母首先要确认孩子能否自己管理时间：起床和睡觉的时间是否固定；从学校回到家里的时间是不是每天都确定；周末在家度过的时间是否高效。确认了这些事情之后再跟孩子谈自律性。如果孩子说自己会看着办，却没有认真做时，就需要制订一套相应的赏罚规则。

“因为你说自己知道去学习，你的生活自己也知道去处理，所以我才对你有了相应的期待。但我听学校老师说，你每次都不完成作业。你所说的自己可以处理的生活，好像有必要和妈妈一起进行调整，可以吗？妈妈开始担心了。”

“我说了我自己会看着办的。”

“不会花很长时间的，和妈妈一起检查一次吧。来，看一下你一天的学习需要多长时间吧。为什么作业会往后拖呢？不做作业往后拖的时候，你的心情怎么样？作业太简单了，还是太难了？是觉得这种作业不做也可以吗？最好能说说你的想法。”

“没什么特别的想法。在培训班的时候想着等会儿晚上到家再做，可晚上在家的时候又做了其他事情，睡醒后就忘记了。大概两天后想起的时候，又会想着过会儿再做，然后又忘了。”

“那么由妈妈规定做作业的时间，并每天对你做完的作业进行检查，这不会伤害你的自尊心吧？妈妈觉得，比起就那样交给你自己，结果不好了再教训你，每天确认你的学习情况好像会让我更加安心，心里也更舒服。老师还经常说你很老实，可你却总是不好好完成作业，所以我总觉得有点儿对不起老师。你当然不是因为无视老师而不做作业的，对吧？”

父母有必要在孩子小的时候适当地约束他。要让孩子知道，妈妈训练孩子不是干涉，而是在给予帮助。

这不是意味着要一直等，直到孩子说“自己会看着办”的时候才行动，而是意味着即使孩子讨厌做，但因为是应该做的事，所以也必须要孩子去做。即使讨厌去忍耐，但因为是要忍耐的事情，所以也要让孩子继续忍耐。

这之后，父母要尽量用具体而短小的信息给出任务：“从现在开始，26分钟之内不要动，要集中完成数学作业。”或者说：“需要背的英语文章和单词要在38分钟内完成，然后就做你想做的事情吧。”就这样来诱导孩子的学习。跟孩子说一些权威的话，从而使孩子无法做出对自己有利的提议，并且不得不照做。另外，如果家长在旁边陪着的话，孩子就会试着遵守约定，集中精力做事。通过这种办法孩子可以知道，几天内堆积下的作业集中做，会在多短的时间内完成。

有一点一定要记住，要想训练孩子不拖延，父母要及时把握孩子的状况，并毫不吝啬地鼓励和称赞孩子。要记住，父母如果不花时间关心，孩子只会本能地养成坏习惯。因此，父母按照孩子的每日计划时间表列出需要确认的计划，也是很重要的。

3. 张嘴便是抱怨和不满的孩子

父母无条件地忍受习惯抱怨的孩子，对纠正孩子的坏习惯是没有帮助的。如果孩子吐露不满的理由是恰当的，父母当然要帮助孩子解决问题；但如果只是单纯地习惯于抱怨，那就要改变孩子说话的习惯和态度。

说话的习惯不好是个问题

在澳大利亚研修期间，有一个张嘴就是不满的女孩子，连一句积极的话都不说。如果别人说“露珠”这个名字真好听，她就会说：“有什么好听的啊？真是不喜欢。应该起‘智英’这样少见的名字嘛，露珠是什么呀！露珠。”称赞她皮肤好的话，她又会说：“脸蛋儿长得这么不好，至少皮肤要好才行啊。但别人说我皮肤好的话，我不会相信。”我跟她在一起的时间里，一直有意识地称赞她。就那样过了三周，分开的时候我对她说：“你真的做得太棒了，辛苦了。知道你现在的表情有多漂亮吗？”那个孩子说：“是吗？”第一次肯定地接受了我的话。

孩子肯定地说话和思考的习惯，取决于父母的语言习惯和有意识地训练。提起“训练”一词，很容易让人想到会不会像军队新兵训练那样吃力辛苦呢？其实一点儿也不。所谓的训练，是为了让孩子养成一个好的习惯而有必要重复的事情。不是只有演讲才需要训练，表现自己以及和别人聊天也是需要练习和训练的。

培养孩子积极的语言习惯

父母无条件地忍受习惯抱怨的孩子，对纠正孩子的坏习惯是没有帮助的。如果孩子吐露不满的理由是恰当的，父母当然要帮助孩子解决问题；但如果只是单纯地习惯于抱怨，那就要改变孩子说话的习惯和态度。

告诉孩子，和“饿死了，怎么没有饭呢”这样的话相比，说“除了饭有没有其他可以吃的东西呢”是更有效果的对话技巧；“可以怎样做呢”比问“为什么不行”这样的问题更好；“别的东西更好”这样的表达会比直接说“不喜欢这个”更好；不说“就算死也不行”，而要说“请帮助我，以便我能做这件事情”，这样才能更快地解决问题。对于孩子习惯性的不平不满的话，父母要告诉他们可以像这样肯定地表达并给予纠正。

如果教导孩子要肯定地表达，大部分孩子会非常不自然，甚至吃完饭起来后说“谢谢，我吃好了”也会感觉很陌生。虽然一开始会不自然，但过了几天后孩子就会适应，并去肯定地表达自己的想法和要求，而且也会明白肯定地说话会让内心变得愉快。

语言改变之后，行动就会改变；行动改变之后，习惯就会改变。最终，这就会改变一个人的性格，而且性格能够改变人生。这就是为什么人在十几岁、思想的框架还没有形成时，要进行肯定地思考和说话的训练的原因。

4. 回家就变得没话说的孩子

人们聊天的时候，不管内容有多无聊，
也会希望对方和自己有一样的想法，并产生共鸣。
孩子也是一样的。他们在家时没话说，其实是因为回复的内容早
就知道了，而不是真的没有话说。

孩子不说话是有原因的

“在外面时话说得挺好的，不知道为什么一回到家里嘴巴就紧紧地闭上了。”

那是因为孩子觉得回到家里就算和父母说话，除了责备也听不到别的话。

“你现在说的话和学习有什么关系呢？”

“你不爱学习，脑子里装的全是那种没用的东西吗？”

“有记住那个的时间，不如多去背一个英语单词。”

“就算只是说一句话，也要说有营养的话才行啊。天天老说些没用的话。”

如果让青春期的孩子通宵倾诉，然后用营养价值来换算孩子说的话，那么这些话全加起来肯定连一个小的茶匙都装不满。但就算这样，父母也应该真诚地倾听孩子的话，猜测孩子的内心，和孩子一起聊天。只有这

样，孩子在遇到什么事情的时候，才会向父母吐露，而不是向前辈或者是朋友们袒露自己愤怒、不安和空虚的心，并接受安慰。“爸爸妈妈会给我解答的”，或者“爸爸妈妈会理解我的”，能这样想的孩子，即使在外面被孤立或者无视，也绝对不会离家出走或想自杀的。

以孩子的兴趣为主题展开对话

人们聊天的时候，不管内容有多无聊，也会希望对方和自己有一样的想法，并产生共鸣。孩子也是一样，在和父母说话的时候，内心的想法是“我是这样想的，妈妈是怎样想的呢”“我这样想也没关系吗”，并希望得到有关这些问题的肯定。但是对于这样的孩子，父母的结束语往往总是和学习建起关联，斥责孩子只说一些没用的话。所以孩子只能在回到家的瞬间闭上嘴。孩子们在家时没话说，其实是因为回复的内容自己早就知道了，而不是真的没有话说。

“为什么不跟父母说？”

“我说的话妈妈又会像上次那样回答的。”

假如从孩子口中听到过哪怕只有一次这样的回答，说不定你就真的已经跟孩子说过“明摆着的”话的父母了。

“你那样是错的，妈妈说过什么来着，有没有说过那样做不行？”

“你早就已经知道会这样了，活该。”

“你就等着晚上爸爸回来批评你吧。”

如果每次说话时，孩子都要受到父母的审判并听到责备的话，当然就会在家里闭上嘴。这时不要说批评的话，最好是说些孩子感兴趣的话题，并自然地开始聊天。不要忘了，孩子一回到家就闭上嘴巴，是因为妈妈一看到孩子就只说自己认为应该说的话，以至于对孩子的话充耳不闻。

5. 沉迷于演艺明星的孩子

想一想自己的青春期，那么孩子因为艺人又哭又笑也就不再是很让人担心的事，反而更像自然现象了。但对特定的艺人过分沉迷的孩子，父母就不能放手不管了。

关心外貌的青春期症状

在澳大利亚研修时，有一天正上着课，一个六年级的女孩突然哭起来，并跑出了教室。教英语的澳洲老师被吓了一跳，但还是及时和孩子取得了联系。

“坐在前面的中学生姐姐们说我喜欢的组合不会唱歌，现在已经过气了。我说不是，可她们还在继续骂，真没意思。”

“这就是你在上课时不跟老师说一声就跑出教室的理由吗？别人看了还以为你父母去世了呢。”

“老师，你是不知道那些姐姐们说得有多难听，才会这样认为。要不是因为她们是姐姐，我早就和她们打起来了。真是好讨厌。”

“好，知道了。我充分理解你对哥哥们的喜欢，现在重新回到教室学习吧，把眼泪擦干……”

想一想自己的青春期，那么孩子因为艺人又哭又笑也就不再是很让人担心的事，反而更像自然现象了。在对外表的关注增加的青春期里，孩子必然会更能感受到外表华丽的艺人的魅力。所以，孩子产生模仿艺人的打扮或者妆容的想法也是很自然的。不能因为孩子学明星穿奇装异服，就认为孩子疯了。但对特定的艺人过分沉迷的孩子，父母就不能放手不管了。

现实的建议和充满爱的关心

另一个初二女生也是因为同样的原因让父母大伤脑筋。那个孩子就是所谓的疯狂粉丝，把所有的零花钱都砸在了粉丝俱乐部的活动上，还会为了去看演唱会而旷课。她翻遍整个网络，把有关那个明星的琐碎小事全部做成剪报，发给周围的孩子们看，就好像那是自己的使命一样。孩子的妈妈说，虽然她又是劝说又是责备，但是都没有用。是因为他们答应，如果孩子能完成在澳大利亚的研修项目，就让她去看之后的演唱会，孩子才参加研修的。

在和沉迷于艺人的孩子对话时，一味用会使孩子心理受伤的方式狠狠地训斥是不行的。在对孩子做出判断前，父母要先问问他们为什么喜欢那个艺人，猜测一下孩子的想法和感情。

“他的哪一点让你这么喜欢？我不认识他，能给我说说吗？”

“他多帅啊！老师怎么会不知道他呢，真的不知道吗？”

“我对艺人没有太大的兴趣，所以真的不知道。即使如此，我觉得你这么沉迷于他总会有什么原因的。”

“他啊……”

这样，话匣子一打开，孩子就会在几小时里一直讲着关于那个艺人的事。

“但是他知道你的心思吗？”

“估计不知道吧。”

“为什么会不知道呢？你这样有诚意、意志，而且又耗费了时间去努力了呢！”

“我只不过是无数粉丝中的一个而已，他没有理由非要知道我，我喜欢他就够了。”

“也是，这话是没错。那么再跟我说说你爸爸妈妈的情况，怎么样？”孩子说了还没超过5分钟便结束了。关于父母，孩子没有更多要说的话。

“关于父母只知道这些啊。那么，现在咱们来说说你吧。除了喜欢追逐那个明星外，说说有关你的其他方面吧。”

“嗯，那个……我是学生。我的梦想是成为像那个明星一样的人，然后……”

关于自己的话也是没超过5分钟。

“原来如此啊，看来你确实是喜欢那个明星啊。对于自己喜欢并感兴趣的事情，人们都会投入时间和精力。但问题是，那个明星不知道你的存在啊。有点儿伤心，对吧？再重新想想，当你突然生病了，在学校晕倒的时候，因为担心你而最先跑来的人会是谁呢？”

“应该会是爸爸妈妈吧。”

“对，是爸爸妈妈。那么，你如此喜欢那个明星，但在你晕倒的时候，他为什么不会取消自己的行程跑来看你呢？”

“他是明星嘛，不是属于我自己的，而是那么多人的明星啊。”

“嗯，没错。他只不过是站在遥远舞台上的明星而已，所以应该与你的现实无关才对。问题是，现实中需要你关心的人，你却装作不知道，而只对那个明星花心思、精力、时间和钱。你到现在为止，一次都没觉得这是个问题吗？你也嘲笑过那些不像你一样热情的孩子吧？因为你越是努力地喜欢他，就越会觉得他是你一个人的明星。但是就算你晕倒了，挣扎在生死边缘，他仍然会唱歌跳舞，那时候你会产生一种被人背叛的感觉，不是吗？”

“虽然不至于是背叛，但想想还是有点儿不舒服。”

沉迷于明星的孩子在很大程度上是对自己的现实有所不满。而在追星的时候，孩子们就有可能忘记现实存在的问题。

“你喜欢那个明星的同时，想要忘记的现实问题是什么？”

“没有那样的事，我只是喜欢听歌。”

“你可能没有意识到，你是想通过他达到另一种心理上的满足。意思就是，你想通过喜欢那个明星来忘记无法改变的现实状况。”

至此，父母必须要给孩子一些残酷的忠告了。

“你可以喜欢似乎能代替你实现梦想的某个明星，可以喜欢他的歌和舞蹈。但是应该只停留在喜欢的程度，因为一旦超过这个界限，就可能是在浪费感情和时间了。星星只有在远的地方，才是美丽的。你永远都该关心的是你的家人，而最重要的事情则应该是你的人生啊！你现在应该做的是为了你的人生而行动。你想一想，之前你是不是寄希望于靠那个明星来达到自己的梦想？但是你人生真正的主人公是你自己。”

当然，就算孩子听了这样的话，也不会马上停止对艺人的喜爱。但他们会在某种程度上加以抑制，不让这件事成为日常生活的阻碍或是令父母担心。虽然需要给孩子残酷的忠告，但是有机会的话，也应该适当地送一些与孩子喜欢的艺人相关的小物品，让孩子看到妈妈关心他的一切。这也可能成为让孩子感动的契机。

6. 动不动就说谎的孩子

与其说孩子是因为对自己有利而说谎，不如说只是因为觉得有意思、嫌麻烦或讨厌说太长的话而说谎。认为孩子是因为利益才说谎，那只是大人的想法。

容易被欺骗的父母

有时候，孩子们会流着泪真诚地说谎。“孩子不会那样流着眼泪还尽全力说谎的。原来是我不理解他的心啊。我这么怀疑孩子，说不定孩子还以为我是内心复杂的大人呢。”实际上，父母听到孩子的话后会产生这样的想法，然后开始责怪自己，不知不觉中就对孩子的话卸下门闩，放下戒心。

孩子最常说的谎话是当妈妈问“今天的作业都写完了吗”或者“是从学校回来的吗”的时候，就算没有去学校也会回答“嗯”。但是这时，如果妈妈的提问能变得具体的话，孩子的回答也会变得具体，其结果就是孩子变得不会轻易说谎了。

“今天有数学课吧，作业是什么”要这样具体地提问，而不是问“作业都做完了吗”“今天学校里没有缺席的孩子吗”“昨天考试的结果出来了吗”这样的话，让孩子只能具体回答。当然，即使这样，孩子也可能会用谎话来回答。这时，就要看父母是否能够通过孩子的语气、表情和状况，看出孩子是不是隐瞒了什么。

我觉得，如果在细微问题上孩子都会欺骗父母一两回的话，将来在更大的问题上孩子肯定也会欺骗父母。但是，如果小的谎言被父母发现，孩子就会觉得："我妈妈是欺骗不了的，还不如一开始全部摊牌更好些，反正最终都会知道的。"这样孩子就会自然而然变得不说谎话了。所以，小的苗头一定不能放过。

有的父母可能会觉得，无论是谁都会在生活中撒谎，所以只要不给别人带来伤害就不会有什么大问题；或者是觉得，撒谎也得不到什么，孩子怎么会撒这种没有必要的谎呢？然而，与其说孩子是因为对自己有利而说谎，不如说只是因为觉得有意思、嫌麻烦或讨厌说太长的话而说谎。认为孩子是因为利益才说谎，那只是大人的想法。

让孩子领悟到说谎的坏处

一位妈妈发现上小学四年级的女儿的手机上，挂着一个从没见过的手机链。

"妈妈没有见过这个手机链，从哪儿买的？"

"老师给的。"

"是吗？哪个老师？妈妈要给那个老师打电话说声谢谢才行。"

这样一来，孩子便哭丧着脸坦白了事实，说是掉在教室地板上的东西，因为好看就捡来了。一般的父母当听说是老师、朋友或者朋友的妈妈送的后就会停止询问，不再往下深究了，但是如果再问得稍微具体一点儿，就能知道孩子是不是在撒谎。会轻易撒谎的孩子，很容易发展出盗窃的习惯，所以一定要及时纠正。

为了管教说谎的孩子，父母必须更加严谨、具体而有逻辑才行。不管是多么擅长说谎的孩子，所说的谎话中都会有逻辑上的矛盾。因此，如果对孩子说的话有什么不放心的，父母就要问问具体情况，指出他的漏洞。比如孩子说学校的课结束得晚，所以回家的时间就晚了，这时候父母就要再问一下：

“你没有说一声就回来晚了，妈妈很担心，但如果是因为放学晚了，妈妈就放心了。不过，学校今天有什么特别的事情吗？”

“没有，就是老师来晚了。”

“好吧，原来是老师有什么特殊的情况啊。那从学校回来的时候，你是跟哪个朋友一起出校门的？”

这样具体地问过后，就能知道孩子的话大概是从哪里开始逻辑不通或者思路不顺的。当然，也有可能真的是学校下课晚了。若是这种情况，就算不问孩子在学校里的事情，他自己也会变得叽叽喳喳的。

“妈妈不是怀疑你，而是担心你才这样问的。你那时候就应该给妈妈打个电话的。以后再像这样晚回来，至少中途要给妈妈发个短信，妈妈才不会担心。给你买手机就是让你在这种情况下使用的。”

孩子为了避免尴尬而撒谎的情况很多，虽然他们也知道撒谎是不好的。因此，只是对孩子进行不要撒谎的劝说，是完全没有效果的。最好能有逻辑地对孩子解释，说谎会给他们带来什么样的损害。

“你有没有比较过撒谎后所得到的利益，和坦率地说实话所受到的损害？是不是你没想清楚，只觉得撒谎会有好处？一开始大家都会信你的话，因为人们都希望别人能真诚地对待自己，所以就会觉得你没有必要特意撒谎。但是，如果那个人知道你在某件事上对他撒了谎的话，不仅会认为你是不能信任的人，还会觉得自己的人格被亵渎了，所以就不会再想和你来往，说不定还会告诉别人不要和你来往。那个朋友可能表面上还会像以前一样对你，但其实是不会再真心对你的了。原因就是，那个朋友之前相信你，真心地对你，结果却受到了伤害。你对别人说谎，第一次可能会很轻易地获得什么好处，但过不了多久，你就会付出更大的代价。”

有的孩子觉得说出事实会挨骂或受伤害，所以就说谎了。对于这样的孩子，要告诉他说实话才是真正的勇敢。

“人们往往认为说谎的人勇敢，但真正有勇气的人是不会通过谎话来逃避事情或者获得利益的。谎言是懦弱的，如果不希望别人欺骗你的话，你也不能欺骗别人；希望别人真心对待你的话，你就要先真心对待别人。”

有些自尊心强、不想承认自己现状的孩子，也会习惯性地说谎。

“你不需要用谎言来装饰自己。比起语言，人们更多的是通过行动、表情，或者只是通过感觉来沟通的。就算再怎么用语言来修饰自己，你的谎言也不会使你的现实状况发生改变，即使有改变也只能是变得更坏。而且，即使你能欺骗一个人很长时间，也是无法欺骗很多人很长时间的。”

如果告诉孩子谎言反而会使他自己更渺小的话，很多情况下孩子都会理解并真心地接受。但是很多妈妈会说“孩子爱撒谎，教训了也不改”，说自己作为妈妈也无可奈何，便放手不管了。

对于孩子的谎言，妈妈要显示出敏感的反应。撒谎和欺诈、偷盗是类似的。世上没有所谓的善意谎言，谎言再怎么伪装得漂亮，本质上还是谎言。父母一定要告诉孩子这一事实。偶尔妈妈也需要表现出自己的失望，而且不分青红皂白地发脾气，还不如一句“妈妈失望了”更能使孩子发生改变。

“妈妈对于你这样欺骗别人的行为感到很失望。妈妈希望你是一个无论在什么情况下，都能够活得堂堂正正的人。”

没有哪个孩子会被妈妈生气的样子所触动，也没有会因为妈妈生气很吓人而决定不说谎的孩子。但是孩子们都会因妈妈伤心失望的样子而下决心改正。不能无条件地发脾气和喊叫，而是应该坦白地跟孩子说出自己的担心和失望，这样孩子肯定会变得不一样。

7. 讨厌上学的孩子

如果孩子说讨厌上学，父母应该先和老师见面，并具体地问一下孩子在校园生活中是否有什么困难。如果孩子是初中生，即使和班主任关系不错，也可能与其他科的老师关系不好。

与孩子谈话时要保护孩子的自尊心

如果有一天孩子说讨厌去学校，这时父母就要先了解讨厌的原因。

“学生不去上学，还能去哪儿呢？”

“别人都去上学了，你为什么说不去呢？”

以这种方式提问，是无法了解孩子为什么不去学校的。首先，要找出孩子在不想去学校的日子里都有什么共同点，这样就可以推测出什么时间有问题。其中可能会有父母不知道的原因。如果不喜欢去学校的日期反复出现的话，就一定要和班主任见见。如果孩子的学习情况很好，也没有什么别的问题，讨厌去学校的原因可能是对分数有负担感。这种情况下，孩子很容易以身体不舒服为借口说服妈妈。但是就算医生说没有任何异常，孩子感觉到难受的情况也可能确实是存在的。这就是被称为“心因性疾病”的症状。

“妈妈会给老师打个电话说你身体不舒服，不能去上学了。今天没有重要的考试或者一定要交的作业吗？如果有的话，妈妈会替你交上去的。”

“没有。只有一个数学测验，但不计入成绩。”

“是吗？那真是万幸啊。妈妈还担心你是不是因为感到考试或者作业压力大，才身体不舒服的。如果觉得妈妈对你的要求太多，就告诉妈妈。妈妈一直都觉得你很特别，所以对你分数的期望会比你自己想的高。”

“啊，没那回事。妈妈觉得我现在是在装病吗？”

“知道你不是在装病。对妈妈来说，最重要的是你不生病，并且能身心健康地学习、过着幸福的学校生活。妈妈是担心你像今天这样不能去上学，是不是因为妈妈哪方面疏忽了才导致的，所以才问你的。如果学校里有什么让你有负担的老师或者科目的话，就告诉妈妈。虽然妈妈不能为你解答一切问题，但可以通过一起聊天来找方法。今天就忘记学校的事情，舒舒服服地好好休息吧。”

也有在学校被同学欺负，不能跟老师或者父母说，所以不喜欢去学校的情况。越是这种情况，孩子越不会说出原因，因为他们会觉得受欺负是很丢人的事情。

有这样一个初中二年级的男同学，他突然说不想去上学，并且经常毫无理由地从学校早退，甚至有一天在上课的时候没说任何话就从教室里出去了。他的妈妈问发生什么事了，为什么会这样。孩子也没能给出一个可以接受的回答。

“能有什么事？就是讨厌学校、讨厌学习、讨厌这样活着。日复一日地只是学习。就算上了大学我的人生也没什么能改变的……”

很多情况下，谈论人生、说不喜欢上学也不喜欢学习的孩子身上所存在的问题，在大人看起来会是很小的事情。其实是因为真正的问题最终显现出来的话，孩子的自尊心就会受伤，所以他们才会把焦点转移到别的地方。

“你不会没有理由就突然变得讨厌上学、讨厌学习的，看起来是有什么妈妈无法知道的事情。这可能是很小的事情，也可能是很大的问题。妈妈想听听学校里的事，会不会是有欺负你的同学呢？”

“没那回事，妈妈觉得我是那种会在学校中被孤立的孩子吗？”

“不是，只是因为最近有很多这样的事，有些孩子没有理由就孤立并欺负同学。不管是什么事，妈妈也不会把错误归罪于你，或是对你下判断。妈妈只是想要帮助你。”

“妈妈不帮助我也没关系。如果那样做的话，同学们会说我是娇生惯养的孩子。”

“妈妈会跟老师商量看的，不会让你的朋友那样说你。现在，把让你感到有负担的事情说出来吧。”

于是，孩子毫不隐瞒地说，有一个同班同学只欺负自己，所以不想去上学。之后，孩子的妈妈就请求班主任老师帮忙。很快，欺负人的孩子及其父母便承诺以后再也不会有这样的事情了，并且向受到欺负的孩子道了歉。这之后，班主任老师还特别留心了欺负人的同学，孩子也不再说讨厌去学校的话了。学期结束的时候，孩子的分数从第二十名直线上升到了第一名。

转学也是方法之一

孩子不会没有理由就讨厌上学，即便是学习没意思，有的孩子也会因为朋友而开心地去上学。有朋友能理解自己并且一起玩的话，对孩子来说，学校同样会变成他想去的地方。如果孩子说讨厌上学，父母应该先和老师见面，并具体地问一下孩子在校园生活中是否有什么困难。如果孩子是初中生，即使和班主任关系不错，也可能与其他科的老师关系不好。

如果孩子因为朋友不合心意、受到欺负或不喜欢老师等原因想离开学校，转学也是方法之一。但要让孩子具体地列出转学可能得到的好处，以及会失去怎样的机会。最好是父母也列出好处坏处，全家人聚在一起讨论。比如，因为转学就要搬家，搬家的话，全家人的生活圈就会发生变化。把这些问题都说出来后，孩子可能会说："结果还不就是不搬了嘛。"并觉得转学并不是想象中那样简单的事。看到全家人一起思考讨论自己的事情，孩子会从中得到安慰。由搬家引起的经济方面的问题则尽可能不要轻易提及。

"搬一次家花多少钱啊……"

如果这样说，在开始聊天的那一瞬间，孩子心里就会觉得"对父母来说更重要的是钱，而不是我"。接下来，父母不管用多么合理的理由都无法说服孩子了。虽然父母知道，去了新的学校也不会只有好的朋友，还有可能有更不喜欢的老师。但是，或许按照孩子的心愿搬一次家，会比问他"怎么能因为这些原因而搬家"更能够劝勉孩子。

如果孩子讨厌上学，也可以休学一年，或者转几次学。转学或休学也能使孩子学到一些东西。只是为了使孩子在休学期间不接触到其他不好的东西，父母就要比孩子上学的时候更费心、更留心，这是父母的责任。要让孩子在相同时间起床，而且还要让孩子做些其他的事情。最好要教育孩子，虽然不学习也可以，但是作为十几岁的孩子，还是有很多要做的事。无论孩子的状况让父母多么不满意，只要父母不显出着急和不安，孩子也就不会有别的负担，并且能够在这种状况中坚持下去。

8. 痴迷色情事物的孩子

即使子女不再是小学生，而是大学生，或者是结婚后的成年人，作为父母，亲眼看到子女看色情录像也会觉得十分尴尬，而不知道如何处理。但是手里拿着智能手机的孩子们，可以一天24小时不受场所限制地接触到色情信息。

青春期孩子让人尴尬的事

“偶然看到上六年级的孩子的手机，发现他进过一些色情网站。问了孩子后，他说自己没有进去过，只是弹出垃圾广告时才出现的网站。但是点开那个网站，却出现一些女生连内裤也没有穿、伸开腿的照片。想到孩子才上六年级，就看过这种网站，就算他是我的儿子，也会突然觉得恶心、起鸡皮疙瘩。”

哪个父母不会这样呢？即使子女不再是小学生，而是大学生，或者是结婚后的成年人，作为父母，亲眼看到子女看色情录像也会觉得十分尴尬，而不知道如何处理。但是手里拿着智能手机的孩子们，可以一天24小时不受场所限制地接触到色情信息。

抑制自己本能的训练

发现孩子看色情信息的时候，像孩子犯了天大的错误一样吓唬他是不行的。唤回孩子的理性会更有效果。为此父母最好先平息一下自己的愤怒，给孩子一些时间。如果在愤怒的状态中马上谈话，父母会因为正在气头上而给孩子带来不必要的负罪感或是羞耻心。

“妈妈看到你打开过的这个网站时吓了一跳，你进这个网站看了？”

“没有，就是因为垃圾广告才打开的。我也不知道。”

“好吧，确实有这种情况。但是，既然妈妈已经知道你打开过这个网站了，就算你有些难为情，还是和妈妈谈谈的好。如果还是觉得难为情的话，和爸爸谈谈也行。妈妈觉得，与其把这件事情告诉爸爸，还不如在这里跟妈妈说说更方便，你觉得怎么样？”

“啊，不知道。这种话题你让我说什么啊？我又没看，也知道里面都有什么。”

“好，既然你全都知道，谈起来就更容易了。妈妈虽然有点儿吃惊，但这并不是说你做了坏事的意思。”

“都说了没看，为什么总是这样啊？而且我们班同学都看、都谈论。有一个同学，手机里的东西哪怕写着‘黄色视频’，他也还是想打开看。同学们看到了，就开始开那个同学的玩笑、孤立他，然后还三五成群地讨论这个。可我并没有怎么样。”

“你现在十几岁了，已经进入青春期，所以和妈妈谈谈这些事情也是可以的。所谓进入了青春期，就是说你的身体成长和变化正以你意想不到的速度发生着，会产生你现在为止还没有感觉到的冲动或者好奇。这是任何人都要经历的很自然的变化。对异性身体感到好奇，和朋友们谈论接吻的事情，或者倾听关于异性的事情，都是很正常的。本能、自然地感到好奇的阶段，绝对不是什么罪过或者错误。但如果没有做好对这种突然出现的好奇和冲动的抑制训练，而失去控制的话，从那一刻开始就成为一个问题了。所以一定要训练自我抑制力，不越过那道线才行。这就是妈妈今天和你一起讨论这个问题的原因。你能理解妈妈的话吧？”

“啊，我也不知道。我都说了不想聊这些，妈妈为什么总是这样呢？”

“妈妈还是不希望看到我儿子因为产生了好奇心，就和朋友们对这种东西随意地大声议论，或者是因为感觉到性冲动之后，独自或是和朋友一起看黄色录像。那是很严重的错误，因此，需要做能够抑制冲动的训练。如果把你的所想就那样变成语言或者行动，有些人可能会说那是坦率、真诚的，但妈妈却觉得那是很笨的。没有必要把突然冒出来的所有想法都用语言或者行动表现出来，难道不是吗？”

“不知道。都说了真的就看了一回。”

“好。虽然妈妈确实吓了一跳，但还好能跟你聊聊。妈妈早就想过应该就黄色视频或者性方面的好奇来跟你谈谈了。”

通过物理途径完美地制约孩子不接触黄色视频是不现实的，所以要经常反复地把不能越线的指导方针说给孩子听。只有这样，才能最大限度地抑制孩子看色情视频，或是把这些内容当成和朋友之间的话题的冲动。

9. 脏话连篇的孩子

一旦孩子骂人，父母就应该声色俱厉地当场指出来。如果孩子辩解说别的同学都骂人，自己骂人也没关系，就要明确地告诉孩子骂人为什么是错误的，为什么不可以骂人。

脏话为何成了十几岁孩子的“生存语言”

“孩子说，最近他的朋友们告诉他，如果不说脏话，就别加入他们的圈子。我们家孩子上小学的时候真的很乖很单纯，说话也很有礼貌。但是自从上了初中一年级，说话就开始变得粗鲁，还说脏话，说是不那样的话朋友们就不和他一起玩儿。看起来，脏话好像已经成了孩子的‘生存语言’。即便如此，我也不能总是劝他不要说脏话，真发愁该怎么办。”有一个十几岁孩子的母亲这样诉苦道。

曾经有一项调查结果显示，十几岁的孩子平均每45秒就会说一次脏话。如果让十几岁的孩子不说脏话，他们会慌张，不知道要怎么说话。心情好时会说脏话，心情不好时也会说；话接不上时会说，费心思时也会说。总之，他们全都习惯用脏话来表现自己瞬间的感情和想法，不管对方是谁，不管在什么场合，都不会有特殊的改变。因为在家里或者学校说脏话也从来没有受到过制约或惩罚，谁都能说的脏话便像流行语一样普及开了。

前面走过去的孩子和我轻轻地碰了一下肩膀。只要是几个人并排走，就有可能会发生这样的情况。但是，初中一年级的女生却吐出一句脏话：“××××！”

“怎么那么容易就说出这种脏话呢？况且这根本没有到你说脏话的状况。”

“我没说脏话啊。”

孩子的表情相当委屈。

“刚刚老师在旁边听到的话就是脏话，而且还是很不好的脏话。”

“啊，那个我也不知道怎么就说出来了。好像我平时经常说那句话，所以就那么说出来了。”

“你是因为知道那句脏话是什么意思才说的吗？”

“不知道。”

“那老师告诉你它的意思。你想想是不是知道它的意思之后还想说。”

我说话的语气很严肃，这样孩子才知道自己犯了什么大错。像这样说脏话的孩子们，很多都不知道自己说的话是什么意思，觉得脏话不是卑俗语，只是朋友间的流行话，才使用的。

父母的语言习惯

一旦孩子骂人，父母就应该声色俱厉地当场指出来。如果孩子辩解说别的同学都骂人，自己骂人也没关系，就要明确地告诉孩子骂人为什么是错误的，为什么不可以骂人。我的实际经验表明，如果详细地跟孩子们说明，他们经常说的脏话实际是什么意思，他们会说不知道是那个意思，然后便减少说脏话的次数。

“不管你的朋友们多么爱说脏话，你也不能明知道脏话是不好的意思还说。妈妈不同意‘别的孩子都说就没关系’的说法。话语代表着说话人的人格。说话有礼貌就是有礼貌的人，你的人格也就这样树立了。而你说脏话时，很容易被理解成是对对方人格的轻视。如果那个人的人格被你的脏话无视了，只能使说脏话的你的人格变得不好。语言具有比刀子还可怕的属性，你随意说出带有脏字的话，就好像在向人们挥动锋利的刀刃一样。被刀子扎了会受伤流血，同样，听到脏话的人的灵魂也会受到伤害，就像开水打翻在灵魂上一样。被刀子划出的伤口随着时间的推移会愈合、变得模糊，但是被脏话伤过的心灵就算过了很久之后还会疼痛如新。妈妈希望自己的女儿是至少具有这样教养的淑女。”

语言是一种习惯，听过就会那样说出来。就算不是脏话，孩子的语气或语言习惯也会和父母很相似。虽然看起来好像只是无心地听了，但某一瞬间，孩子会注意到作为妈妈的你反复说的话，并不自觉地储存在记忆中，之后这样的语言就会突然迸出来。在教训孩子不要说脏话之前，要先想想自己在日常生活中有没有过带着怒气跟孩子说脏话的时候。

我偶尔也会看到跟现在多数孩子不一样、说话礼貌的孩子。要是问这孩子“你说话怎么这么有礼貌呢”，那个孩子就会回答“说坏话或脏话真的会被妈妈骂”。这就是孩子，如果父母强化训练，孩子就会按照父母的要求来做。

10. 不能集中精力且乱忙的孩子

孩子无法集中精力去学习，而且起床之后就忙乱地到处转的时候，父母要详细地告诉孩子不能这样做的理由，以及别人看到这种行为会怎样想。另外，哪怕孩子能安安静静地坐一会儿，父母也一定要给予称赞。

培养坐在桌前的习惯

如果不是先天性疾病的原因，那么大部分不能集中注意力的孩子都是因为从小没有被训练好。如果孩子的思想不能集中，父母就要有计划地、坚持不懈地训练孩子。但即使这样，也无法马上让孩子在桌前坐一小时。所以，一开始要让孩子做自己喜欢的事，而不是学习。例如，可以让他安静地听一首歌，或者让他做一个能够集中注意力5分钟或者10分钟的游戏。

这时，要让孩子养成“坐姿端正”的意识。如果孩子坐在桌子前摇晃腿或者歪着身体的话，父母要直接问问是什么原因。

“怎么了？有什么不安的吗？”

“没有啊。”

“那为什么这么摇晃着腿呢？别人看到你这样晃腿晃得厉害，会认为你非常不安，或者你隐藏着什么不想被发现的或不方便说的事。你肯定不想给别人留下这样的印象吧？来，好好端正地坐在这里试试。身子不要扭着或是晃动，端正地坐下来，心情也会变平静的。”

孩子无法集中精力去学习，而且起床之后就忙乱地到处转的时候，父母要详细地告诉孩子不能这样做的理由，以及别人看到这种行为会怎样想。另外，哪怕孩子能安安静静地坐一会儿，父母也一定要给予称赞。轻轻地在耳边称赞一下，孩子就不会忘记。

“你那样坐在那里给人的感觉和平时有所不同，很像是讲礼仪的绅士。妈妈以前都不知道自己有那样帅气的孩子。”

这样的话可能稍微会使孩子害羞，但孩子会真心接受的。但如果说“看吧，既然能这么安静地坐在那里，为什么非要没规矩地摇晃呢？再这样试一回吧”，孩子就会觉得“不管是静静地坐着，还是随便坐着，结果听到的都是责备啊。那还不如我想怎样就怎样呢”。

用兴趣来吸引孩子吧

与其没有目的地要求孩子坐30分钟，还不如先让孩子安静地坐着学习30分钟，然后闹钟响起的时候再让孩子开心地玩耍的提议更有效果。“要不要跟妈妈打赌，看谁在30分钟内更能集中精神？”这样跟孩子说后，让孩子自己上闹钟——现在用手机设定闹钟是非常简单的，还可以让孩子自己选择喜欢的闹钟声音，这样感觉上就更像个游戏了。如果安静地坐在桌子前看书变成了和妈妈打赌的游戏，孩子会高兴地坚持的。当然，结果肯定要让孩子取得胜利才行。

“呀！我女儿比妈妈更认真、更安静呢。妈妈坚持起来都很费劲，我女儿真厉害。你比妈妈做得更好，真的是长成大人了呢。”

孩子有了在安静时听到表扬心情变好的经历，才不会烦乱地被其他事情吸引注意力，或是减少想要做的事情。

一开始，需要集中注意力的时间要以秒为单位，设定得短一些，然后一点一点增加，这样孩子才不会厌烦，并感受到集中注意力的乐趣。最好给孩子讲讲这段时间里发生的有意思的事情或者故事。比如，刚刚我们安静地待着的3分18秒时间里，地球围绕太阳转了几公里，蚂蚁移动了几厘米，高速列车以最快速度移动的时候跑了几公里等，能让孩子提起兴趣的素材才是最好的。这种有趣的游戏会让孩子明白，状况或状态会随时间单位的变化而发生改变，静静地坐着也会变成有趣的经历。

如果孩子安静地坐在桌子前学习，妈妈最好也停下手中的活，和孩子面对面坐着，或是坐在旁边陪着孩子一起度过这段时间。如果孩子坐下来，妈妈却在做别的事情，孩子很快就会厌烦，或是盯着钟表看，感觉只有自己在受罚。而且，如果能不断地和孩子分享小的经历，妈妈就会成为孩子最佳的顾问。

11. 智能手机不离手的孩子

通过智能手机，孩子几乎没有学到什么，也没有接触到好的东西。为什么让孩子握着枪，还不停地要求孩子不要扣动扳机呢？孩子可能会由于失误而扣动了扳机，并且造成致命的后果。

放弃智能手机会让孩子不安的原因

智能手机对十几岁孩子的父母来说就是“新型病毒”。它具有一种特性，任何处方都无法消灭它。即使在孩子面前用锤子把手机毁掉，病毒也不会随之消失。要想和病毒对抗，不被它引起疾病，除了自己制造抗体外，没有其他的办法。智能手机的问题也是这样，如果孩子能主动放弃手机，问题就会消失。但是放弃智能手机会让孩子觉得可惜和不安。

“如果没有智能手机，放学回家的途中就不知道朋友们都说什么话了，所以才会不安。我沉迷进去虽然会挨骂，但朋友们说话时我可以插进话。”

“从学校回家的30分钟里，能发生多少事情让你这么不安？”

“就是感觉不安，所以才一直盯着聊天软件的。”

站在父母的立场上，花了那么多的钱给孩子买智能手机，每个月还给他交不少的话费，却相当于交到孩子手上一件武器。希望父母不要认为给了孩子最新款的智能手机，“我就是理解孩子的智能父母”。以前，就算在学校里和朋友有什么问题，一离开学校后就可以获得自己的空间，摆脱欺负自己的同学。但现在却不是这样，因为有网络，不论何时何地，甚至睡觉的时间，同学的嘲笑声也会紧随其后。原本只有几个同学知道的小范围的玩笑，现在甚至会传到旁边学校里根本不可能认识的同学耳中，并遭到无端的谩骂。

制定适当的规则

通过智能手机，孩子几乎没有学到什么，也没有接触到好的东西。为什么让孩子握着枪，还不停地要求孩子不要扣动扳机呢？孩子可能会由于失误而扣动了扳机，并且造成致命的后果。

给了孩子充满诱惑的智能手机，却又让他们注意使用，这是非常苛刻的行为。

对孩子来讲，只具有电话和短信功能的手机就足够了。但是，让孩子放弃智能手机而改用老式手机，他们当然是不会接受的。这时，最好对孩子的感情有所呼应，坦率地告诉孩子，妈妈因为智能手机而有多么担心和不安。

“妈妈知道如果不让你用智能手机，而用普通手机的话，你在朋友面前可能会觉得有点儿丢脸，因为那样就不能和朋友们一起使用聊天软件，朋友们用智能手机在网上查东西时，你也连接不上。但妈妈真正担心的是，智能手机会产生对你来说非常危险的影响。就算你不想，但是智能手机不断地让你回复的提示里也会带有这种可能性。每当它响起时，瞬间的好奇总会立刻浮现出来，为了试探着看看，你就很容易陷入恶性循环之中。每次你拿着智能手机做什么的时候，妈妈真的都很担心，担心你好像过多地使用了智能手机。我觉得在你高中毕业前，老式的手机已经足够了。你爸爸也是这么认为的。当然，你自己也可以把妈妈爸爸给你的零用钱攒起来买个智能手机，但是爸爸妈妈相信你不会欺骗我们带着智能手机上学的。相信你不会让我们失望。话说回来，你的朋友中没有人使用老式的手机吗？全部都在用智能手机吗？”

“不是，有几个同学使用翻盖手机，甚至有的同学根本就没有手机。”

“那么那些同学的日子是怎么过的呢？同学们会孤立他们，说他们没有智能手机吗？”

“不是那样的。没有手机的同学是我们班的第一名，所以所有人都不会看不起他。用翻盖手机的同学有的是因为觉得它简单；也有的同学条件其实很不错，只是觉得它挺好的才用的。”

“这么说，就算你放弃智能手机也不会成为另类的孩子了？因为还有连手机都没有的同学呢！”

“大概是吧。”

“那么你好好想想看吧。妈妈也去打听下翻盖手机。你要是能放弃智能手机，妈妈真的就放心了。那样即使你带着手机，妈妈也可以少一些担心了。”

如果即便这样，孩子还是无法放弃智能手机，那么至少要试着和孩子商量，在家里把智能手机的电源关掉，或者交由父母保管。如果父母能制订具体标准的话，虽然一开始孩子会不习惯，但是一般也都能遵守规则，而且也会很快适应这些规则。最终，孩子会觉得这个规定是对自己有利的。

认为没办法管制孩子，或者放任孩子，并期待着孩子能懂得自我约束，就相当于把孩子放在平滑的下坡路上，却期待他不要滑倒一样。想要让孩子端正地站着，就要帮他改变环境，把孩子放在平坦的路上他就不会滑倒了。

12. 对任何事都没有自信的孩子

因为做错事而受到严厉责备，或者弟弟妹妹犯错误，而自己代替遭受责备，经历过很多这类事情的孩子，会更不愿意在别人面前出风头。虽然孩子也想作为领导者被认可，但是心里却盘算着，不站出来至少不会受到责备。

来自内心的伤痛

天生内向的孩子与外向的孩子相比，会显得没有自信。但是，内向的孩子站在外人面前的时候，即使会有点儿犹豫，对自己喜欢的事或是一定要扮演的角色，也不会退缩。因为喜欢出风头，所以旺盛的好奇心和积极性是孩子们基本都具有的特性。

平时无法从父母那里听到称赞，或是习惯于受到责备的孩子，是不会有自信的。他们或许是有过酸楚的经历，曾很有自信并无所畏惧地开始，最终却失败了，然后受到朋友们的嘲弄，或者从父母那里听到这样的话：“你连这点儿事情都做不了吗？做的这是什么呀？真丢脸。”

如果有过这种经历，孩子心里就会有创伤，而且还会习惯于退缩。当某一天，孩子突然开始显得没有自信的时候，可能就是因为内心受了伤而退缩了。

有一个参加了澳大利亚研修课程的初二女生，在听到让用英语写日记的话后，没有去写日记，只是哭。如果连写英语日记对她来说都是足以掉眼泪的可怕事情，那么这个孩子心里肯定有着什么伤痛。果然，我了解到这个孩子在初中一年级时被孤立过，她害怕因为自己的英语实力再次被新的朋友们嘲笑，所以才退缩的。

“我不会，真的不会。我一次都没有写过，写错了怎么办？能不能让别的孩子写呢？”

让他们做这样简单的小事，却只会吵闹说做不了的孩子，就算心里真的想做，也会因为恐惧而有所调整，“无谓地站出来说不定会丢脸，干脆乖乖地躲在后边比较好”。因为平时做错事而受到严厉责备，或者弟弟妹妹犯错误而自己代替遭受责备，经历过很多这类事情的孩子，会更不愿意在别人面前出风头。虽然孩子也想作为领导者被认可，但是心里却盘算着，不站出来至少不会受到责备。

没有比称赞更好的药

任何人都希望得到认可；希望自己对别人来说是个重要的人，是特别的存在；希望有成就感，做任何事情都能自信满满。十几岁的孩子更是这样，因为正处在觉得自己是主人公的时期，不论是不是过于自信的孩子，头脑里都会觉得自己是主角。正因为觉得作为主角的自己不能弄得太糟糕，所以就会犹豫着要不要站出来。

作为父母，要让孩子的主人公意识朝着积极的方面发展。为了引导孩子，让孩子懂得大大方方地表现自己，在任何情况下父母都不能让孩子气馁。应该责备的事情，最好委婉地对孩子说，并悄悄地指出来：“你就是因为这样犹豫，本来能做好的却错过了。妈妈知道你能做到，但为什么要犹豫，是还没来得及想清楚吗？”

如果父母设定的目标高于孩子的能力，并狠狠地训斥孩子，要孩子达到那个目标，孩子就会因为每次都辜负父母的期待而变得没有自信。像这样丧失了自信心的孩子，最好能引导他们从能使其满足的低目标开始去做。不管怎样，最重要的是要找出能把孩子和其他孩子区分开来的特点，并真心给予称赞和认可。

没有自信的孩子的自我意识也是否定的，他会觉得“我看起来不怎么样”“我不如××”。要想改变这种否定的自我感觉，需要父母反复地称赞，要对孩子鼓励了又鼓励，让孩子能够认可自己的优点，认为“我也很特别啊”“我也是个不错的孩子啊”。每当有机会，父母就要随时让孩子想起自己的优点。

在十几岁孩子的眼里，不管是谁，只要真心地对自己有兴趣，并称赞和认可自己的话，都可以为那个人做出任何改变，不论有多困难都会坚持下来。而牵引出孩子的这股力量，则是父母需要做的事。

13. 沉迷于电脑游戏的孩子

在多数情况下，父母们都会把电脑游戏当作“小游戏”，觉得只要孩子的成绩不下降，就可以让他们玩一会儿电脑游戏。但是电脑游戏的成瘾问题却不像父母们想象的那么简单，所以父母也要告诉孩子游戏的危害。

首先要在物理上隔离

“主要是在什么时候玩游戏？”

“从学校回来之后到妈妈回家之前。”

“在你回家几小时之后，妈妈会回来？”

“一般是两小时以后。”

“那每天的这两小时里，你都在玩游戏吗？”

“一开始是那样，但是被妈妈发现以后，就只玩半小时。在妈妈回来前，要把电脑显示器凉凉到原来的样子。”

“然后就变成只玩30分钟就不玩了？”

“如果不那样的话，我不就一直都玩不成了嘛！”

“难道妈妈每天不检查你有没有玩游戏吗？”

“电脑上有密码，而且如果摸摸电脑，也会感到是凉的。所以如果我说没玩的话，妈妈就会相信我确实没有玩了。”

“密码你是怎么破解的？”

“妈妈设置的密码还算是挺容易破解的。虽然密码破解起来也不算简单，花了一周时间，但是最终还是解开了。”

对于游戏上瘾的孩子，父母首先要设定的限制就是在物理上使孩子和电脑隔离。如果孩子在放学途中去网吧，那么父母去学校接孩子也不失为一种办法。如果孩子和某些朋友一起玩游戏，就先要将孩子从那群朋友中隔离开来。“不让孩子见面，就真的能不见面吗？”在说这句话并且要放弃之前，父母可以试着让孩子做他以前真正想做的事，或者曾经感兴趣的事。比如让孩子去参加团体活动，或是让孩子学习以前一直想学的东西，以此代替打游戏的时间。

如果是要上班的妈妈，假如孩子从学校回来后独处的时间超过一小时，那么这段时间里就要让孩子和其他大人或者小孩待在一起。就像从老师手中接过幼儿园回来的孩子那样，一直到初中三年级为止，放学后的时间大人都要陪着孩子一起度过。

培养孩子的自制力

在很多情况下，父母们都会把电脑游戏当作“小游戏”，觉得只要孩子的成绩不下降，就可以让他们玩一会儿电脑游戏。但是电脑游戏的成瘾问题却不像父母想象的那么简单，所以父母也要告诉孩子游戏的危害。

这并不只是浪费时间和金钱的问题。

“打完游戏后心情怎么样？总会很好吗？压力缓解了吗？既然已经玩了一把游戏，现在开始就要认真学习。下定决心了吗？”

“不知道，一次也没有想过，而且心情并没有很快变好。”

“玩得挺带劲的啊，玩完之后心情怎么会不好呢？你有没有想过游戏带给你的真正坏处是什么？”

“没有，没想过这个……”

“玩游戏的时候，你真的很专心，而且会把要做的事情全都忘掉，只是集中精神玩游戏。但是结束游戏回到现实之后，你还是需要时间去做你要做的事情。游戏能够让你暂时忘记现实，而游戏结束回到现实生活以后，没有做完的作业和还要做的练习反而堆积了更多，所以这时会比打游戏之前更有压力。不仅如此，打游戏的时候你也会变得暴力。在游戏里用刀子捅人、点燃炸弹炸人、向别人开枪的事，虽然好像只是恶作剧，但是你的潜意识却不会把它当成恶作剧，而是会接受这些。好像亲身经历过一样，暴力就下意识地记在脑海里了，妈妈很担心这一点。这些情况就是报纸上时常会出现的，游戏结束后，如果在现实生活中遇到同样的事情，潜意识就会把那个人错当成游戏里的‘敌人’，并发出‘用刀子捅他’的指令。人们的潜意识比想象中的更可怕。你在假想世界中所经历的事情，会在无意中被记录成亲身经历。你有没有想过这点？”

有些父母担心，要是孩子不会玩游戏会不会受到朋友们的排挤，孩子是不是也会抱怨和朋友们合不来。但是就算不玩游戏，孩子也可以听朋友们谈论喜欢的游戏。要让孩子知道，并不是一定要什么都一起经历过，才能够成为朋友。

如果孩子自己能制订一个时间表，闹铃一响，无论任何情况都能离开座位不玩游戏，那就最好允许孩子可以在一定的时间里玩游戏。当然，这个游戏时间的长度要由父母来决定。孩子自身是绝对无法培养自制力的，所以即便是很小的事情，父母也应该一直陪在孩子身边，并确认时间和孩子的举动才行。

14. 不爱打扫房间的孩子

让孩子打扫或整理房间时，给其很长的时间，或以“整理一下房间”这种方式盲目指示是不会有什么效果的。虽然会像是唠叨，但仍要明确指出希望孩子怎样整理，并设定时间限制。

具体地指示并给出时间限制

孩子不打扫房间的理由有很多种，可能是全家人习惯了有些凌乱的房间，所以就不会觉得孩子不打扫的习惯是个问题；或者有些父母虽然会无止境地唠叨让孩子整理房间，但是孩子却不整理，于是就替孩子整理了；也可能是孩子不知道怎么整理凌乱的房间。

诉苦说命令孩子打扫房间他们却不听话，只好自己去做的父母，很多情况是因为命令的方式本身有问题。单纯地说“整理干净”“整理一下房间”“一小时内打扫完”，孩子是不会听话去打扫的。这种情况下，应具体地指出要怎样整理，然后让孩子在指定的时间内完成。

“妈妈希望17分钟后来你的房间时，看到的是另一种样子，甚至会以为自己走错房间了。地板上放着的衣服要分成需要洗的和还能继续穿的，还要再穿的衣服挂在衣架上或放进衣柜里。书要放在书架或者抽屉里，要不就扔垃圾桶里。然后，拿出2分钟左右的时间用湿毛巾把桌子和书架擦干净，再用最后剩下的3分钟将地板用吸尘器打扫一遍。妈妈相信你在17分钟内能做好。”

让孩子打扫或整理房间时，给其很长的时间，或以“整理一下房间”这种方式盲目指示是不会有什么效果的。虽然会像是唠叨，但仍要明确指出希望孩子怎样整理，并设定时间限制。比如，在17分钟后，手机闹钟响起的时候做完。

在给出时间限制时，最好不要以5分钟或10分钟这样规则的单位时间，而要用7分或者2分钟等不规则的单位时间。陌生的时间单位会给人一种新鲜的提醒感，因此能使人更加积极地行动。“15分钟”很容易被理解为，即便是20或30分钟都没关系。“30分钟内”的指示，则会被习惯性地理解为拖延到一小时也没什么问题。但是如果给出像17分钟这种陌生的时间，孩子在打扫的同时也会一直留意时间。而且具体地指出了要整理的东西，孩子就不会因为不知道从哪儿开始整理而发呆、叹气并浪费时间了。制定了完成打扫的时间，孩子可能会觉得跟做游戏一样。

打扫完成后要进行确认

进行到中间的时候，父母要进去看一次孩子有多用心在做，并且别忘了顺便说一两句鼓励的话。

“已经整理这么多了？原来你的手会魔法啊。果然，你一行动起来，世界就变得干干净净了。”

说好了让孩子17分钟完成之后，闹钟响起时父母一定要回来确认。如果不确认，就和没有约定过一样。如果孩子在限定时间内好好完成了，就一定要给予其奖励，允许孩子去做自己喜欢做的事情。

如果想表扬孩子，可以立刻在房间里转转，找出一个孩子做得好的地方。

“哇，把书按长短顺序排好，看起来真不错，像是在并排站着一样。”

“衣服挂得很正，你干活真的很细心。”

“真不知道你能整理得这么干净呢。从现在开始，每两天打扫17分钟就行了。多亏了你，妈妈的心情现在变得很轻松。”

虽然事实上孩子只不过是整理了房间而已，但这样说却会让他们有一种帮助了妈妈的自豪感。

晚饭时也不要忘了在爸爸面前称赞孩子一下。比如：“要不要看看哲洙今天只用了17分钟，就把自己的房间整理得有多干净？真的很了不起。”这时爸爸不能跟孩子说“以后吧，现在很累”，或者说“不过是整理自己的房间，有什么了不起的”，又或者“明明能收拾得这么干净，平时怎么弄得像猪圈一样”等。

15. 对外貌过分执着的孩子

对于在意外表的十几岁孩子来说，想要使他们改变观念并不容易。这就如同想抓住一头发脾气的犀牛的角一样，如果一开始就以错误方式劝导，孩子的抗议很容易就会使父母的心受伤。

外貌对于十几岁孩子而言是首要问题

十几岁的孩子总会觉得自己是舞台的主角，到了外面，甚至会觉得世上所有的人都会为数清他额头上长出来的青春痘而停下脚步。这些孩子认为自己额头的样子会成为话题，觉得自己的矮个子、大宽脸都会成为人们的焦点。十几岁孩子对外貌的执着，会迅速超越父母可以理解的范围。

“拜托你不管怎样，别让自己每天早上都因为刘海儿迟到，要不就干脆剪掉，或者用梳子梳过去。”

“时间这么紧还非要夹头发吗？谁也没说你的头发弯啊。如果真要每次都夹30分钟头发的话，就早点儿起来呀。”

“就不能把眼睛上的双眼皮贴撕下来吗？本来挺好的皮肤，干吗非要涂上BB霜才行？好好的一张学生的脸，弄成这颜色像什么啊！”

不经常洗澡却每天洗头的孩子；把浴室地板弄得到处都很脏的孩子；裙子上的褶明显的话就不穿的孩子；不命令就拒绝穿校服的孩子；脸庞又圆又小却非要把刘海儿梳下来挡住眼睛的孩子；戴着没有眼镜片的眼镜框

而遮住整张脸的孩子；本来有挺好的眼镜，却戴着彩色隐形眼镜，并使眼睛发出可怕的光的孩子……十几岁孩子表现出的对外貌的执着，还真是多种多样。

不仅如此，当十几岁孩子们的自我打扮（发型、BB霜、彩色隐形眼镜、夹克、包、鞋等）与别人不一样的时候，他们并不会觉得自己很特别，而是认为自己被排挤在了主流之外。和其他的朋友外貌不一样就会不安，所以孩子认为要首先解决外貌问题。

帮助孩子不再把外表放在心上的话语

对于在意外表的十几岁孩子来说，想要使他们改变观念并不容易。这就如同想抓住一头发脾气的犀牛的角一样，如果一开始就以错误方式劝导，孩子的抗议很容易就会使父母的心受伤。

“你的脸挺小的，为什么要把刘海儿放下来，看起来这么闷？把刘海儿弄上去试试。”

如果劝说以这样的方式开始，就等于宣布一辈子都和孩子成为敌人了。

如果我看到真的很不适合留刘海儿的女生，就会委婉地说出来。首先，在几个女生聚在一起开小组会议时，我会像是自然而然地、很好奇地问，为什么刘海儿都这么一致？这样孩子们就会回答“就是因为大家都这么弄”“不这样把刘海儿放下来的话会不安”“因为别的朋友都这样”。

但是，这中间总会有一两名女生没有刘海儿，而是把头发紧紧地梳到脑后，或者留着端正的短发。那么，接下来就要再问问没有把刘海儿弄下来的女生：“你为什么不把刘海儿弄下来？”她就会回答，“我就是觉得这样挺好的”，或者“我不适合留刘海儿。以前也试过，现在不留了”。这时候我就会说：“好，你是个很有主见的孩子啊。其实你现在虽然没有刘海儿，但看起来更有精神、更漂亮。”这样说是在间接地告诉其他孩子，刘海儿会把额头挡住。

“刘海儿会把额头挡住，用长头发遮住半张脸的孩子往往是因为缺乏自信，自己没有主见，但有很强的倾向去跟着别人做。相反，再看看那些没有刘海儿，露出额头的孩子，她们都会很坦然地确认自己的主观想法。她们的确是有这样的特征的。如果你们也觉得刘海儿和自己的脸型不搭配的话，就试试把额头露出来不留刘海儿，那样不知道会有多自信，看起来有多精神。”

这样，孩子回去后就会把刘海儿梳起来试一下。之后我就会称赞道：“呀，真好看，真的感觉完全不一样了。看起来很有精神。”孩子也会响应道：“真的不一样了吗？”第二天早上肯定又会有三四个学生把刘海儿梳起来，而且会问：“老师，我把刘海儿梳到后面了，怎么样？”“真的很漂亮，看起来更有精神、更有自信了。脸也显得好看多了。你以后就这样梳吧。”这样称赞的话，即使孩子有些害羞，也还是会照做的。如果把不跟风的品质为孩子们展现出新的意义，孩子就会重新接受。

“有摆弄头发的时间，还不如赶紧去学习。”

“没有什么内在，却只注重外表……”

如果只是下这样的结论，是无法使孩子发生改变的。孩子绝对不会说自己对外表有多么执着，但也不会放弃打扮。

把自己打扮得漂亮，绝对不是应该去教训的事。问题是十几岁的孩子觉得现在最应该把注意力放在外貌上，而父母却不这么认为，所以要缩小这个差距才行。要问问孩子为什么死也不放弃外貌的原因，并听一听他这么做的理由。要先倾听孩子，才能理解孩子并说服孩子，也只有这样才能改变孩子。

16. 吸烟的孩子

当父母得知孩子吸烟，会吓得腿都瘫软了，会问自己“我到底做错了什么”或“从哪里开始做错了”，会一味埋怨自己的过错。说真的，这样很容易错过帮助孩子的机会。所以不要惊慌，应该想想怎么办，然后去应对。

孩子对吸烟的事实会否认到底

一般来说，父母需要一段时间才会发现孩子吸烟的事实，因为孩子们会想尽一切办法来掩盖这一事实。父母怎么也不会想到自己的孩子会吸烟，当有一天偶然发现孩子桌上的打火机，就会等孩子从学校回来后问问。

“这是哪儿来的打火机啊，你该不会在抽烟吧？”

“什么意思啊？你说哪儿有打火机？”

“这个在你桌子上来着！”

“啊，这是朋友的。说要办个生日会，点蜡烛之后没用了我就带回来了。妈妈以为我拿打火机吸烟？怎么会这样看待自己的儿子呢？”

“是吗？那妈妈是一整天都在瞎操心了，绝对不许抽烟啊！”

“知道啦，我会是那种孩子吗？”

但是妈妈在洗孩子的校服时又闻到有烟味，心里顿时变得沮丧了。没有哪个父母在得知孩子抽烟的事实后会不吃惊的。于是，妈妈叫住从学校回来的孩子，想着这次一定要好好、坚决地问一次。

“今天我闻到你昨天穿的衣服里有烟味，你该不会……”

“没有啦，妈妈！我昨天在回家的路上顺便去网吧待了一会儿，在网吧里被熏到的。妈妈，你还在怀疑我？我说过没有抽的。”

不管儿子怎么解释，都只是想隐瞒吸烟的事实，即使在现场被逮住也会先否认。

当父母得知孩子吸烟，会吓得腿都瘫软了，会问自己“我到底做错了什么”或“从哪里开始做错了”，会一味埋怨自己的过错。说真的，这样很容易错过帮助孩子的机会。所以不要惊慌，应该想想怎么办，然后去应对。

学起来容易的话，戒掉也不难

能够帮助吸烟孩子的方法有两种，一种是由爸爸亲自教导孩子，吸烟是绝对不能被容忍的，并明确地告诉孩子死也不能跨越这条线。一名初一男生吸烟的事被他父亲好不容易发现后，被拉到山上，遭到了一顿毒打，从此以后就戒掉了烟。自那时起，他只要听到“烟”字就会想起被爸爸打的经历。当然这种极端的方法会有局限性，也可能只是暂时有效果。但是如果孩子确切地知道吸烟不能被父亲容忍，以后即使朋友们劝诱，他也会以父亲作为借口拒绝掉。

如果第一个方法行不通的话，还可以干脆不给孩子零用钱。不给零用钱，孩子还是继续吸烟时，父母就要确认一下，孩子是不是抢了别的孩子的钱，或者在通过别的方法筹钱。父母可能会觉得“孩子应该不至于到那种地步吧”。但是孩子也知道父母会有这种想法，所以对有吸烟经历的孩子，在要求其戒烟时，什么坏的情况都要假设到。

翻找孩子的书包或者衣服时，只是闻闻味道是无法知道孩子有没有抽烟的，因为能够彻底去除烟味的商品有很多。另外，偷偷吸烟的孩子知道的关于烟的知识比父母多，所以只是用“妈妈相信你”这种平和的话来教育，孩子的坏习惯是不会消失的。如果孩子现在还在吸烟，父母应该及时责备、禁止并观察。因为十几岁虽然容易学会抽烟，但也可以比较容易地戒掉，其结果要取决于父母是否能集中不断地关心孩子。

如果孩子身边有吸烟的坏朋友，父母要努力减少他们见面的时间，可以为他增加做运动或其他娱乐活动的时间。远离物理源头之后，孩子因为和朋友见面而带来的坏机会也会减少。只是单纯地说“不要吸烟”，是绝对不会改变孩子的行为的，父母的关心、时间和热情都是必需的。

最大的问题在于，很多父母会带有这种放弃的态度说：“反正都已经抽了，又怎么能戒掉呢？没办法啊，与其看着孩子为了抽烟抢别的孩子钱，或者实在没钱就吸一些质量很差的烟，倒不如给点儿零钱让他买好的香烟更现实一些。”甚至也有靠买电子烟作为教育手段，以求放心的父母。

如果父母放弃了和孩子的坏习惯做斗争，孩子在外面就会对劝他戒烟的老师说“和你有什么关系”等顶撞的话。对于孩子吸烟的问题，父母虽然睁一只眼、闭一只眼更省事，但也应该知道这在外面会给别人造成不便。

Tip：能改变孩子行为的三种称赞法

1.在孩子的行为变得令人满意时称赞

这不是指去称赞使父母称心的行为，而是指在孩子的行为变得令人满意时称赞。与其训斥孩子的坏行为，不如具体地告诉孩子要怎样改变。如果孩子照做了，父母就要极力称赞并认可。如果对坏的行为只是指责并训斥，孩子就会回避和父母谈话。

2.用充满期待的话来收尾

孩子犯了错，父母在劝说其改正时应该以称赞、期待和鼓励的话来收尾。这表示因为我对你怀有期待，所以要让你知道这些话。同时也要告诉孩子一个事实：如果不是因为期待，就不会指出他的错误了。

3.反复地称赞

要一直反复地称赞孩子，直到令人称赞的行为固定下来为止。如果觉得称赞过一次，就忘记再去称赞孩子，或是看到行为改变却不去称赞，而是装作没看见的话，孩子这种好的行为就很容易消失。为了使一种行为成为新的习惯，至少需要3周以上的努力来给予孩子意识上的认可和称赞。

结语

父母要学会相信和等待

有一个初二男生，他上课时顶撞老师，还打同学，而且一有空子就逃学，并且还抽烟喝酒。学校看不下去了，处罚过他，甚至还劝他去精神科接受一个月的治疗。一个初三的前辈对这个孩子说："我太了解像你这样的人了。"孩子就说："你怎么会了解我？了解我的人只有姜琴珠老师，不要随意地胡说你了解我。"于是几天后，那个初三男生就找到我问："老师是怎么了解那个孩子的？老师也能了解我吗？"

十几岁孩子都希望有人了解自己，而且自己也想要了解自己。我"为了了解"那个孩子而做的事，就是拿出一个周六和那个孩子度过了整整一天。从早上8点到晚上8点，我们一起吃午饭、聊天，筋疲力尽之后，就去咖啡馆喝咖啡吃巧克力，几乎12小时都待在一起。在那段时间里，我从孩子那里听到了很多故事，而且有时我还对他讲我的故事。那个孩子对我害羞地说出了以前从没说出过的童年梦想——成为牙科医生。我们为了实现那个梦想，还一起编织了人生大计。孩子现在对自己的人生产生了希望，并感到高兴。这个父母因为不知道该怎么插手管而几乎想要放弃的孩子，却在一天的时间里被拯救了过来。

帮助十几岁孩子的，不是科学或哲学，也不是需要用三次方程式或统计学去解决的数学题，而是看到孩子表面显示出的情况时，父母不要马上绝望。

我作为养育了两个孩子的妈妈；作为在过去的30年里，通过《青春期孩子的纸条》和十几岁孩子们不断地对话并生活过来的顾问；作为14年里都和早期留学过来的孩子们一起生活，教育孩子们学习并给予生活指导的寄宿人家的核心老师；并作为在35岁开始学习英语，过了40岁才成为澳大利亚的律师，从而实现了幼年时期梦想的人，在往返于澳大利亚、韩国、美国和英国的生活中，关于子女教育和青春期孩子的问题，一直都是我关心的始与终。但是，在我大学毕业后得到调令成为国语老师时，却未曾想到我会用这么长的时间，和青春期孩子们过着如此密切的生活。

关爱世上所有的十几岁孩子，就是《青春期孩子的纸条》交给我的使命。虽然立志做这件事的丈夫在四年前离开了这个世界，但是世上还有遭受痛苦的十几岁孩子，而且《青春期孩子的纸条》这个小册子也原原本本地留了下来。

很多曾经给《青春期孩子的纸条》寄来咨询信件的十几岁孩子，一转眼都成了养育十几岁子女的父母。那时还郁闷地说“我的父母无法理解我，也不认可我”的孩子，不知不觉间，自己也成了和孩子无法沟通的父母，也成了苦恼着不知道该怎样理解孩子行为的父母。即使一个时代逝去了，一切都改变了，父母对自己十几岁孩子的问题仍会感到慌张，十几岁孩子对父母也仍会感到郁闷。

我想在这本书中对父母们讲一些改变十几岁孩子的具体方法，并希望这本书能给看到孩子心里就紧张、不安的父母们带来力量。我也想要一起思考并谈论在孩子的青春期过去之前一定要教会的价值观，以及在孩子成为成年人之前要具备的好习惯，一起寻找不会使孩子受伤的谈话方法，等等。

“原来在这个世界上，我自己就是孩子最好的人生导师啊。”

“原来作为父母，能帮助孩子的途径还有很多啊。”

“原来想和十几岁孩子平静地相处也不是那么难啊。”

如果在合上书的瞬间，你能有这样的想法，那我就真的很高兴了。

十几岁的孩子不管多么粗暴，终究是十几岁的孩子，也是我们的孩子。扔下对十几岁孩子的茫然、害怕或不安，原原本本地接受这些方法吧。真正好的父母是不管孩子引发了怎样的问题，都不会放弃去纠正孩子，而且会一直相信并等待到最后的人。

把那些给孩子带来伤害的话换成这样

01 从培训班回来了？去吃饭，然后做作业。别妈妈一不在你就玩游戏或做别的。一会儿我再来检查。

“放学后还要去培训班，现在很累了吧？快换件舒服的衣服，好好休息吧。”

02 你到底是像谁呢，这么吊儿郎当的？你什么时候才能不到处乱放东西？与其需要的时候花费很多时间来找，不如把东西放回原位。要说几遍你才听啊？

“把东西放在固定位置，就不需要刻意记住，也不必费力去找了。你需要把哪些东西放在容易记住的地方保管呢？先整理一下吧。妈妈一直这样做，相当方便。”

03 你没看见妈妈在忙吗？这活你去做一下吧。你为什么还愣在那儿一动不动？

“能帮一下妈妈吗？妈妈一个人实在做不过来。能到那边整理一下这个吗？好啊，有你帮忙，妈妈轻松多了。谢谢，我的女儿（儿子）。”

04 你到底有什么能做好的？

“别担心，这个世界上总会有一些特别的事只有你能做到。”

05 别的孩子都定下了目标，并做了应该做的事。你到底想成为什么样的人？

“不要担心。选择在自己的庭院里制造一个小荷塘的人，可以容易地弄好，再放进去几条鱼，就会很自豪。但是你却是在建造堤坝，光是考察地质并进行基础施工，你就比别人多走了几倍的路。大坝是需要慢慢完工的，可一旦完工，既能解决洪水和干旱等问题，又能给人们带来很大帮助。所以，对于这样的事情，即使慢慢地准备并行动，也绝对不怕晚。”

06 你要是学习好的话，我也就不会说你了。

“成绩很棒固然好，不过不管你怎么样，妈妈都喜欢。”

07 你要是上不了好的大学，让妈妈丢了脸，妈妈还怎么活啊？都不能抬起头走路了。

“即使不上大学，只要你每天心存感激，去做你能做的事情就行了。妈妈对你的未来不担心。”

08 你再多说一句话，就等着挨打吧。

“妈妈现在因为你说话的态度和语气，心里很受伤，也很想生气。如果你不能用端正的态度说话，最好还是以后再说吧。”

09 为什么同样的话总是要让我反复说？妈妈说话的时候，你就该好好地听着。

“人们都喜欢能仔细倾听自己说话的人。”

10 你怎么连一个像样的朋友也没有？

“还是我的儿子最特别啊。虽然他们是你的朋友，但是都需要你的帮助。”

11 你省着点儿花钱吧，妈妈也很累。

“看来这个月有特别的事情啊。朋友没跟你借钱吧？如果零用钱不够花，无论何时都要对妈妈说，这样你就不会因为钱而费心并觉得困难了。”

12

吃饭的时候，你就不能把手机关上吗？整天都那样抓着手机不放。

“要是在吃饭时间你能把手机放到房间里再过来，并且在学习时能交给妈妈，就太好了。如果别人有紧急事情要联系你，妈妈会告诉你的。”

13

你也该遭受一回打击，那样才会知道世界多可怕。

“如果你不听爸爸妈妈的话，我们也不会硬拽着你走。虽然随意地决定是你的自由，但结果却不都是你能决定的。”

14

用完的东西就不能放回原位吗？无论什么东西，只要你用过一次就找不到了。

“全家人一起用的东西，在用完之后，要像之前那样放回到原来的位置。并且要有这样的习惯：把用过的浴室整理得跟没用过一样。”

15

快点儿起床，非要坚持到我大声喊你为止吗？

“无论什么时候起床，讨厌起床的心情也都是一样的——不管是现在，还是10分钟以后。所以现在就起来，用好心情来开始新的一天怎么样？”

16

你力气最大，累活你不做谁来做啊？妈妈去做吗？

“正因为是很累很难、谁也做不了的事，所以才拜托你的。如果是谁都能做的事，妈妈就不会拜托你，自己就做了。”

17

我说没说过不要那么做？我是不是说过，如果再做出一次这样的事来就要挨打？现在，过来挨打吧。

“上次也犯了同样的错误，当时和妈妈好像有约定，想起来了吗？对啊，就是那个约定。我们当时约定，再出现同样的情况，应该怎么办呢？应该按照约定接受惩罚，对吧？虽然妈妈也可以装作不知道就算了，但是如果这样，你就会继续错误的行为，那样只会把你的人生毁掉。现在，对于按照约定受罚，你还有异议吗？”

18

也没什么了不起的啊。就只有这些吗？

“真是特别啊，我的女儿（儿子）还真是不一样。”

19

（妈妈，不管我怎么帮忙，你都没说过谢谢的话，还觉得理所当然。）

你对妈妈说过谢谢吗？

“妈妈认为要感谢的不止这些，所以虽然心里很感激，也很满足，但也只是一直想着。原来你想听到说谢谢的话啊。对不起，妈妈过去只是觉得说谢谢有些太过了。多谢你啊，有你帮忙，妈妈觉得心里很踏实。”

20 你为什么这么不听妈妈的话呢?

“如果你能更慎重地听妈妈的话，妈妈就放心了。”

21 你怎么整天都把抱怨挂在嘴边?

“你觉得这个情况不称心吗?那具体说说你想要什么。”

22 你绝对不行的。

“第一，别人都能做到的，你也能做到；第二，别人不会的事，你也一定能做到。”

23 不管怎样你都不行，别费心了。

“不管怎么说，先试试吧。不行的话，再放弃也不晚。”

24 勉强地才做到这个地步吗？

“看来你是正在慎重地思考并接近目标的啊。”

25 只要那道题不错的话，不就是一百分了吗？

“只错了一个啊。你真了不起。”

26 （妈妈，和我相比，你更喜欢哥哥或姐姐吧？）我什么时候差别对待过你们了？

“妈妈都一样地爱着你们，但是我女儿（儿子）觉得她得到的爱好像较少。那么过来，现在妈妈只抱着我女儿（儿子）。”

27 就不能好好待着吗？

“摒弃那些行为，试着这样去做吧。”

28 你为什么连这样的事也做不好？

“没做的时候，当然会不安了。但是一旦开始了，不安就会消失。”

29 （为什么要学这些没有用的东西？）难道就你一个人要学习吗？和你同龄的孩子们也都在学习呢。

“是啊，很累吧？妈妈曾经好像也十分讨厌学这些。”

30 （又不是只有我有智能手机。）

学生需要那么贵的电话吗？

“妈妈希望即使是一个手机，你也能具有特别之处，也就是说要有拒绝平凡的勇气。”